SANDKASTEN WEISHEITEN

Geschäftlicher Erfolg durch geniales Wissen aus der Kindheit

Tom Asacker

Published by Simple Truths
1952 McDowell Road
Naperville, Illinois 60563

Exklusivvertrieb der deutschen Ausgabe durch
Life Success Media GmbH
6020 Innsbruck/Austria

Projektredaktion: Florian Heigl

Übersetzung: ConText Johannes Molthan, Bodenheim

Design by Lynn Harker, Simple Truths, Illinois
Illustrations by Paul Turnbaugh

ISBN 978-3-902114-84-6

Gedruckt in der Europäischen Union

www.lifesuccessmedia.com

Meinem Vater, der mir
stets die zwei Dinge gab,
die ich am meisten brauchte
– Vertrauen und Liebe.

Und meinen beiden Engeln
Alexandra und Andrea,
die sich meines Vertrauens
und meiner Liebe immer
sicher sein können.

Du hast ein Gehirn in deinem Kopf
und Füße in deinen Schuhen.
Du kannst dich selbst in jede
Richtung lenken,
die du wählst.

~ Dr. Seuss

Was ist Ihre Marke? Ist es Ihre Firma? Ihr Produkt? Ihr Geschäft? Ihre Abteilung? Sind es Sie? Es ist mein Traum, ein Traum den Sie wahr werden lassen können, dass dieses kleine Buch Ihnen dabei hilft, die „Wahrheit" über Branding, Marketing, Verkaufen und Unternehmenskultur von den „Tatsachen" zu unterscheiden. Die „Tatsachen" sind diese ganzen modischen und komplizierten Techniken, Theorien und Konzepte, die als Zaubertrank für Wachstum gepriesen werden. Sobald Sie die „Wahrheiten" wiederentdeckt haben – werden Sie sich aufmachen, den Status Quo herauszufordern und wirklich etwas verändern. Sie werden Ihre ganz persönliche innere Stimme freilegen und Sie werden sich selbst, Ihr Geschäft und das Leben anderer Menschen beflügeln, erneuern und tiefgreifend verbessern. Sie werden eine Marke erschaffen, die bemerkenswert ist.

Mit Hilfe der *Sandkastenweisheiten* können Sie sich wieder an jene einfachen und doch sehr machtvollen menschlichen „Wahrheiten" erinnern, die Ihnen einst instinktiv bewusst waren, doch die Sie möglicherweise seit langem vergessen haben. Dies ist ein Weg, um die unbewussten Gedanken Ihrer Kindheitstage wieder wach werden zu lassen, um Ihr Geschäft und Ihr Leben mit neuer Energie zu füllen. Hören Sie damit auf, darauf zu warten, dass Sie von anderen geführt und inspiriert werden. Folgen Sie stattdessen der Empfehlung Gandhis und seien Sie der Wandel, den Sie in anderen sehen möchten. Denn schließlich haben Sie ja ein Gehirn in Ihrem Kopf und Füße in Ihren Schuhen. Sie können sich selbst in jede Richtung lenken, die Sie wählen.

KAPITEL 1

Kinder ahnten (doch es waren nur ein paar), doch sie vergaßen alles, als sie wuchsen Jahr um Jahr …

~ e. e. cummings

Statistiken lügen nicht. Diese Worte wiederholten sich im Kopf des Vorstandsvorsitzenden wie ein Mantra. Tabellen und Statistiken lügen nicht. „Bill? Bill? ... Brauchen Sie noch etwas? Ich gehe jetzt."

Der Vorstandsvorsitzende blickte von seinem Schreibtisch aus feinem Mahagoni-Holz, dessen gesamte Fläche mit Stapeln aus Statistiken, Tabellen und Ausdrucken belegt war, auf.

„Hm? Danke, nein. Gehen Sie ruhig."

Seine Assistentin nickte. „Sie sollten auch gehen, wissen Sie. Sie sehen ganz erschöpft aus."

„Ich mach' mich bald auf den Weg."

Nachdem seine Assistentin die Tür geschlossen hatte, widmete sich Bill wieder seinen Statistiken und Tabellen. Er konnte es einfach nicht begreifen. Er hatte alles versucht, um die Unternehmensergebnisse wieder dorthin zu bringen, wohin sie gehörten. Er hatte Unternehmensberater engagiert, wichtige Entscheidungsträger auf Motivationsseminare geschickt, viel Geld für Technologie und Weiterbildung ausgegeben und persönliche Gespräche mit jedem Abteilungsleiter und mit fast allen Angestellten geführt. Niemals zuvor hatte er sich von seiner Arbeit so ausgelaugt gefühlt. Seine Frau nannte ihn nur noch ihren „Schattenmann".

Ich stochere im Nebel herum, dachte er bei sich. Ich versuche, die Firma wieder zum Laufen zu bringen ... und bewege mich doch mehr im Dunkeln als jemals zuvor.

Die Statistiken zeigten ein Unternehmen mit dahinschmelzenden Profiten. Die Stimmung war noch nie so schlecht gewesen – weder seine eigene, noch die seiner Angestellten. Statistiken lügen nicht. Was wir tun, funktioniert einfach nicht. So viel zu teuren Unternehmensberatern.

Sein Telefon summte. Er schaute auf seine Rolex und war sich der Ironie sehr wohl bewusst.

Ich besitze alle äußeren Anzeichen des Erfolgs, bis hin zu meiner Uhr. Aber es gelingt mir nicht, meine Firma richtig ticken zu lassen.

„Halb sieben? Wo ist bloß der Tag hin?“

Er nahm den Hörer ab.

„Bill West.“

„Bill, hier ist Jim.“

Sofort erkannte er die Stimme seines alten Studienkollegen, mit dem er auf dem College ein Zimmer geteilt hatte. „Jim? Wie geht 's dir? Seit wann haben wir nicht mehr miteinander gesprochen? Letzte Weihnachten?“

„Mir geht 's super, ich komme gerade aus einem Urlaub mit Susan zurück, eine sagenhafte Reise. Davor hatte ich riesig viel zu tun. Wir haben ein noch nie dagewesenes Wachstum. Das, was da abläuft, macht mich richtig high.“

„Das ist ja prima“, sagte Bill, der sich auf einmal unwohl fühlte. In der ganzen Branche erzählte man sich, wie sein alter Freund die Verkaufszahlen nach oben getrieben hatte.

„Wie ist es dir so ergangen, Bill?“

„Willst du die Wahrheit hören oder die schöngefärbte Version?“

„Unter alten Freunden? Die Wahrheit natürlich.“

„Lausig. Mit uns geht es rasant bergab, mit mir geht es rasant bergab. Ich probiere wirklich alles, aber nichts funktioniert.“

„Nun, ich bin gerade in der Stadt. Mir ist schon klar, dass ich nicht vorher Bescheid gesagt habe, aber hättest du Lust, mit mir zu Abend zu essen?“

„Gerne. Wo bist du abgestiegen?“

Kaum eine Stunde später saßen die beiden Freunde in einem mit dunklem Holz getäfelten Steakhouse in der Stadt und prosteten sich zu.

„Ich will nicht das Gespräch nur auf mich lenken, Jim. Ich will alles über deinen Trip und über Susan und die Kinder hören. Aber ich weiß einfach nicht mehr weiter. Was ist hier nur los? Warum funktioniert keine meiner Methoden?"

„Vielleicht überanstrengst du dich."

„Ach was, Jim. Du und ich haben härter gearbeitet als sonst irgendjemand, den ich kenne. Aber ist uns das je als Arbeit erschienen?"

„Nicht wirklich."

„Ja ... sicher war man auch manchmal frustriert, doch da war immer etwas, das einen morgens aus dem Bett trieb, die Leidenschaft. Du hast sie noch. Und ich? Ich kann nur noch die Zahlen sehen, ich sehe nur noch den Schlamassel."

„Vielleicht hast du zu viele Berater angeheuert. Jeder hat seine Meinung, doch was sagt dir dein Bauchgefühl?"

„Dass da ein Magengeschwür ist."

Die zwei Männer lachten. Die Bedienung kam und servierte ihnen zwei dicke Scheiben Prime Rib.

„Hör mal", sagte Jim, als er sein Fleisch anschnitt. „Kannst du noch eine weitere Meinung ertragen?"

„Aber sicher."

„Ich glaube, du solltest zu meinem Guru gehen."

„Guru? *Du* warst bei einem Guru?"

„Kein Meditationsguru, Bill. Ein Business-Guru, zumindest ist er das für mich. Und nicht bloß irgendeiner. Der Beste. Vor zwei Jahren befand ich mich genau in deiner Lage."

„Jetzt fällt 's mir wieder ein ... die Verkäufe stagnierten und ihr machtet keinen Gewinn. Aber du hast das völlig umgedreht."

„Mit ein wenig Hilfe."

„Von deinem Guru?"

„Vertraust du mir, Bill?"

„Natürlich."

„Lass' mich morgen ein paar Anrufe machen. Ich bin sicher, der Guru wird Zeit für dich finden. Schwierige Fälle sind für ihn ein Ansporn."

„Ich bin bereit. Du brauchst mir nur zu sagen, wann und wo."

Am folgenden Donnerstagnachmittag fand sich Bill auf dem Weg zu einer Tankstelle am Rande der Stadt wieder. Jims Anweisungen waren nur vage gewesen: Bill sollte um Viertel nach Eins an der Tankstelle sein. Dort sollte er sein Auto stehenlassen und der Guru, ein Mann namens Richard Falcon, würde ihn dort treffen und zum nächsten Zielort mitnehmen.

„Jeder nennt ihn einfach nur Falcon, den Falken. Manche Leute tragen ihren Namen wirklich zu Recht", meinte Jim. „Er hat einen alles durchdringenden Blick."

Bill hatte auf die Notizen gestarrt, die Jim ihm telefonisch durchgegeben hatte.

„Warum kann ich ihn nicht einfach am Zielort treffen?"

„Bill, hör zu. So macht Falcon das eben. Du musst mir vertrauen."

„Du schickst mich doch nicht etwa auf so einen Selbsterfahrungstrip, Jim, oder? Ich werde doch da nicht in einem Sumpf alleingelassen, nur mit einem Kompass, einem Schweizermesser und einer Tagesration an Verpflegung, oder?"

„Hab' einfach Vertrauen."

Als Bill an jenem Donnerstag zu der angegebenen Tankstelle fuhr, dachte er bei sich: *Das wird hoffentlich keine sinnlose Umherjagerei, ich habe meinen besten*

Armani-Anzug an.

Er ließ seinen Lexus an der freundlichen kleinen Tankstelle ausrollen. Sie hatte ein altmodisches Schild direkt aus den fünfziger Jahren und die angrenzende Autowerkstatt erstrahlte in frischem Weiß. An der altertümlichen Zapfsäule stand der einzige Kunde – und ein großer Mann in einem teuren Anzug, der mit seinem Ellbogen auf einem kirschroten Porsche lehnte. Er unterhielt sich mit einem schlanken, silberhaarigen Mechaniker in einem blauen Overall. Der Anblick des maßgeschneiderten Anzugs ließ Bill sich entspannen. *Zumindest kein Wildnisabenteuer. Dieser Typ wird verstehen, womit ich es zu tun habe.*

Er stellte seinen Wagen ab, schritt über den Betonboden auf den großen Mann zu und streckte ihm die Hand hin.

„Ich freue mich Sie kennenzulernen. Ich bin Bill West. Vielen Dank, dass Sie so rasch Zeit für mich gefunden haben."

Der Mann zog eine Augenbraue hoch und erwiderte Bills festen Händedruck.

„Ganz meinerseits, Bill. Ich nehme an Sie suchen Falcon?"

Bill nickte. „Nun, dann sollten Sie sich an diesen Herrn hier wenden", sagte der Mann und deutete auf den Mechaniker.

Bill versuchte, nicht allzu erstaunt auszusehen und drehte sich herum.

„Mr. Falcon, ich bin Bill West. Tut mir Leid ... ich dachte ..."

„Schön, Sie kennenzulernen", unterbrach ihn Falcon mit einem amüsierten Augenfunkeln. „Kommen Sie, wir sollten uns beeilen, um zu unserer nächsten Verabredung pünktlich zu sein."

Die beiden bestiegen einen Oldtimer, einen Barracuda und machten sich auf den Weg.

„Ich habe alle meine Tabellen dabei und die Unternehmensstatistiken der letzten zwölf Monate. Ich habe alle Zahlen und Fakten, die Sie brauchen", sagte Bill und deutete auf seinen mitgebrachten Aktenkoffer.

„Die brauchen wir eigentlich gar nicht. Wir werden gleich unseren Coach treffen."

„Sehr schön. Ich hoffe sehr, dass wir zu dritt die Firma wieder auf Trab bringen. Ich frage mich die ganze Zeit ... liegt es am Marketing? An der Werbung? Am Verkaufsteam? Woran liegt es?"

„Glauben Sie mir, dieser Coach wird Ihnen eine Klarheit vermitteln, die Sie nie zuvor gekannt haben. Sie hat mir sehr geholfen."

„Sie? Okay, schön. Lief Ihre Werkstatt denn nicht besonders?"

Falcon brach in ein dröhnendes Gelächter aus und als er endlich damit aufhörte, sagte er lächelnd: „Ich war mal der Chef eines Multi-Millionen-Dollar-Unternehmens, das ich aus dem Nichts aufgebaut habe. Und das waren noch die Zeiten vor dem Internet, als es noch um den Profit ging."

Bill starrte seinen neuen Bekannten sichtlich beeindruckt an.

„Ich wollte die Firma in eine AG umwandeln und mich dann zurückziehen, um meinem Hobby nachzugehen. Ich restauriere Oldtimer. Das Problem war nur, dass ich mich vollkommen festgefahren fühlte. Ich war mein ganzes Leben lang Geschäftsmann gewesen und nichts konnte mich mehr begeistern. Mir war die Leidenschaft verlorengegangen. Da lernte ich unseren Coach kennen und alles wandelte sich zum Guten."

Die zwei Männer unterhielten sich weiter über Autos und Geschäfte und eine Viertelstunde später parkte Falcon den Barracuda vor einer Grundschule. *Der Typ will mich wohl auf den Arm nehmen. Ist unser Coach etwa eine Schullehrerin? Eine Kindergartenexpertin soll mir etwas über Marketing und Gewinnspannen beibringen? Was hat sich Jim nur dabei gedacht, als er das alles arrangiert hat? Und jetzt sitze ich hier fest. Ich hab' noch nicht mal einen Wagen für einen eleganten Abgang.*

Falcon stellte den Motor ab und sah Bill voller Mitgefühl an.

Bill, hier ist die erste Lektion. Seien Sie immer offen für Neues. Ich weiß, dass Ihr Hirn tausend Gründe durchrattert, warum ich bescheuert bin. Ich hab' einen Overall an und schmutzige Fingernägel und jetzt hab' ich Sie zu einer Schule gebracht. Als Sie an meine Tankstelle kamen, haben Sie da geahnt, dass ich mal ein millionenschwerer Vorstandsvorsitzender war? Ich sage das jetzt nicht, um Sie zu beeindrucken, sondern um Ihnen eindrücklich klar zu machen, dass wir mit Vorannahmen im Leben nicht weiter kommen. Dadurch schließen sich nur Türen, aber es öffnen sich keine. Kommen Sie ... hier ist unser Coach."

In dem Moment, als Falcon dies sagte, strömten jubelnde Kinder aus den sich öffnenden Türen. Ein kleines Mädchen mit fliegenden schwarzen Haaren rannte auf Falcon zu und ihr strahlendes Lachen offenbarte die Lücke ihrer fehlenden Schneidezähne.

„Opa!" Sie schlang ihre Arme um Falcons Hals, der sich hingekniet hatte, um sie zu begrüßen. Ihre Wangen glühten, sie war ein Musterbild kindlicher Freude.

„Annie, ich möchte dir Mr. West vorstellen."

Bill kniete sich hin und reichte ihr sanft die Hand. „Es ist mir eine große Freude, dich kennenzulernen, Annie."

„Freut mich auch, Mr. West", lächelte Annie und schüttelte seine Hand. „Haben Sie Kinder?"

„Nein, noch keine. Eines Tages vielleicht, ich mag Kinder sehr."

„Gut. Ich mag auch die meisten Erwachsenen, aber nicht solche, die einem Angst einjagen, so wie die Kantinenfrau, die lächelt nie. Aber ich mag die netten und weil Sie meinen Opa kennen, sind Sie sicher auch so nett wie er."

Falcon öffnete die Wagentür, sie nahm ihre farbenfrohe Schultasche ab und

und kletterte auf den Rücksitz. Bill sah Falcon erwartungsvoll an.

„Warten wir noch auf ihre Lehrerin?"

„Ihre Lehrerin? Aber nein, Annie ist unsere Lehrerin."

„Wie bitte?"

„Erinnern Sie sich, keine Vorannahmen? Eigentlich ist sie auch gar nicht unser Coach, sie ist mehr so etwas wie unsere Assistentin. Sie werden aus den Erfahrungen lernen, die Sie mit ihr machen. Sehen Sie ... nur Erfahrungen haben einen Wert. Wenn Sie eine Erfahrung machen, wenn Sie etwas durchleben, dann erwerben Sie Wissen."

„Ja, schon, aber ..."

„Bill, hören Sie zu. Was hält die Menschen davon ab, neue Dinge zu erfahren? Warum begrenzen sie ihre Erfahrungen? Weil sie das Risiko scheuen. Heute, hier mit mir und Annie, gibt es kein Risiko. Hier sind keine Kunden, keine Aktionäre, keine Presseleute – einfach nur Sie und ich und ein reizendes kleines Mädchen, das auf ihr Eis wartet. Was haben Sie zu verlieren?"

„Eigentlich nichts", antwortete Bill und ließ sich in den Frontsitz gleiten. *Wenn es mir auch sonst nichts bringt, dann kann ich mich zumindest eines Tages köstlich darüber amüsieren.* Doch eins musste er zugeben, Falcon strahlte solch eine heitere Gemütsruhe und wahrhafte Glückseligkeit aus. *Ich hoffe, das ist ansteckend.*

WEISHEIT

beginnt mit

STAUNEN.

~ Sokrates

KAPITEL 2

Wir wollen, dass die Menschen mit uns fühlen, und weniger, dass Sie etwas für uns tun.

~ *George Eliot*

„Wir sind doch schon an ein paar Eissalons vorbeigekommen?", fragte Bill, als Falcon immer weiterfuhr.

„Da halten wir nie", ließ sich Annie vom Rücksitz vernehmen.

„Warum denn nicht?"

„Die sind nicht so gut wie *Udder Delight*".

„Da war ich noch nie."

„Da schmeckt 's am besten und es macht Spaß!"

Na, ich hoffe ja, dass das Eis dort diese lange Fahrt wert ist, dachte Bill bei sich, als sie an einem weiteren Eissalon vorbeifuhren. Er drehte sich zum Rücksitz um und sah, dass Annie in ein Buch vertieft war. Er meinte zu Falcon:

„Sie ist entzückend."

„Das finde ich auch. Ich sehe auch, dass sie ohne Probleme die Seiten umblättern kann, dafür möchte ich Ihnen danken."

„Wie bitte? Wofür möchten Sie mir danken?"

„Ach ... nur ein Scherz. Ich habe nur gesehen, dass Sie sich zu Annies Begrüßung hingekniet und ihr sehr sanft die Hand gegeben haben. Sie haben ihre Hand nicht fest umklammert."

„Na also ... ich werde ja wohl nicht die Hand ihrer Enkelin zerquetschen", meinte Bill lächelnd.

„Sicher nicht. Wir sind übrigens gleich da. Ich will Ihnen etwas zum Nachdenken geben, während Sie überlegen, was für ein Eis Sie möchten."

„Was denn?", fragte Bill, der sich endlich dem geschäftlichen Aspekt dieses Nachmittagsausfluges widmen wollte.

„Warum haben Sie ihr solch einen sanften Händedruck gegeben?"

„Weil sie ein kleines Mädchen ist."

„Aber als wir beide uns begrüßt haben, hatten Sie einen kräftigen Händedruck."

„Der wäre bei ihr nicht angemessen gewesen."

„Aha ... lieber Freund, Sie hatten soeben ein Aha-Erlebnis, ist Ihnen das bewusst?"

„'Tschuldigung, Falcon, jetzt blicke ich nicht mehr durch."

„Sie sagten, es wäre nicht *angemessen gewesen* , ihr einen Klammerhändedruck zu geben. Was mich jetzt interessiert: Wenn Sie im Geschäftsleben jemand kennenlernen, der einen sanften Händedruck hat, was machen Sie?"

„Ich gebe ihm meinen üblichen Händedruck. Auf der *Business School* habe ich gelernt - wie übrigens jeder, der sie besucht hat – dass die erste Begrüßung bei einer geschäftlichen Begegnung aus einem festen Händedruck besteht. Das macht einen starken Eindruck."

„Hm, also, ich glaube, es ist an der Zeit, diese ganzen Mythen aus der *Business School* zu begraben. Bei dieser Art des Händedrucks geht es doch nur darum, seine Stärke und Macht zu zeigen. Und, Bill ... die Menschen wollen nicht mit Ihnen zu tun haben, weil sie von Ihnen beeindruckt sind. Sie wollen es, weil sie Lust dazu haben, weil sie sich mit Ihnen verbunden fühlen und Ihnen vertrauen. Und wissen Sie, wem die Menschen am meisten vertrauen und mit wem sie sich am meisten verbunden fühlen?"

Bill sah nach links unten, eindeutig auf der Suche nach der richtigen Antwort.

„Bill, denken Sie mal an Kinder."

„Mit anderen Kindern?"

„Genau. Sie vertrauen denen, die so sind wie sie, Menschen mit denselben Eigenschaften. Wenn also jemand einen sanften Händedruck hat, dann sollten

Sie ihn ebenso sanft erwidern. Damit bringen Sie zum Ausdruck, dass Sie diesen Menschen verstehen und respektieren und dass Sie wollen, dass er sich mit Ihnen wohl fühlt. Im Geschäftsleben geht es um Beziehungen und darum, sich mit dem Menschen, mit dem man Geschäfte machen will, wohl und sicher zu fühlen. Dieses ganze Machtzeugs stammt von gestern, das war mal früher richtig. Es ist Zeit für eine Veränderung."

Bill nickte: „Ein Aha-Erlebnis."

„Genau. Ein Paradigmenwechsel, eine Veränderung in der Art und Weise, wie Sie die Welt betrachten. Denn wenn Sie Ihre Meinung ändern, Bill, *dann* verändern Sie Ihr Leben."

Mit diesen Worten steuerte Falcon seinen Barracuda auf den Parkplatz eines malerischen Eissalons, dessen Äußeres einer Scheune glich. Als sie eintraten, begrüßte sie Mr. Garcia, der Besitzer, mit einem breiten Lächeln. „Herzlich Willkommen, Mr. Falcon. Heute wieder ein Rum-Rosinen-Eis? Und für die junge Dame Pfefferminz?"

„Ich nehme Rum-Rosinen, Albert, aber Annie möchte vielleicht etwas anderes probieren. Und Bill, was möchten Sie?"

„Ich nehme ... hmm ... eine Portion Minz-Eis mit Schokoraspeln."

„Ist sofort fertig. Ich lasse es Ihnen an Ihren üblichen Tisch bringen und in der Zwischenzeit darf sich Annie erster Klasse durchprobieren."

Mr. Garcia widmete sich daraufhin voll und ganz Annie. Der Salon war recht leer, nur an zwei oder drei Tischen saßen Gäste. Annie bewegte sich entlang der gläsernen Eisvitrine und stellte sich auf die Zehenspitzen, um alle hausgemachten Eissorten in Augenschein zu nehmen. Sie war so aufgeregt wie ein Kind vor dem Weihnachtsschaufenster eines großen Kaufhauses, gab Laute der Verzückung von sich und wählte mit Bedacht einige Sorten aus, die sie sogleich genüsslich probierte.

Bill und Falcon saßen an ihrem Tisch und tranken von dem Eiswasser, das ihnen eine in Lederhosen gekleidete Bedienung serviert hatte.

„Ein gemütlicher Ort."

„Ja, doch warten Sie mal ab, wie es hier gleich zugeht, wenn die Schule aus ist. Bill, bevor hier gleich der Rummel losgeht, will ich Ihnen noch eine Frage stellen. Als Sie meine kleine Annie im Schulhof begrüßt haben, haben Sie sich niedergekniet. Haben Sie das schon mal für einen Kunden getan?"

„Vor ihm auf die Knie gehen? Sicher, wenn ich ihn um einen großen Auftrag anflehe."

Falcon lachte: „Nein, ich meine, dass Sie sich auf seine Ebene begeben."

„Ich weiß nicht, ich denke schon."

„Wirklich? Auf seine Ebene, welche es auch immer ist? Wenn Sie jemanden begrüßen, dann ist das nicht nur ein Austausch sozialer Freundlichkeiten. Da steckt viel mehr dahinter, Sie fordern den anderen auf, Ihnen zu vertrauen. Heutzutage sind die Menschen extrem skeptisch geworden."

„Natürlich, ich muss mit den Menschen auf ihrer Ebene umgehen. Ich kann es absolut nicht ausstehen, wenn jemand meine Assistentin umgeht, nur um mir etwas aufschwatzen zu wollen, oder wenn ein Heuchler mich bei einem Meeting oder auf einer Cocktail-Party in Beschlag nimmt."

„Sicher, doch gehen wir eine Ebene tiefer. Warum missfällt Ihnen das so sehr?"

„Ich weiß auch nicht, ich vermute, ich fühle mich ... irgendwie ausgenutzt. Dem anderen ist meine Zeit egal und eigentlich will er auch gar nicht mit mir sprechen, sondern mit meiner Brieftasche."

„Ganz genau, Bill. Viele Menschen haben es in unserem Technologie-Zeitalter

Viele Menschen haben verlernt, es **langsam angehen** *zu lassen, sich wirklich gefühlsmäßig auf ihr Gegenüber einzustellen und jeden Kontakt zu einer* **aufrichtigen** *und* **herzlichen** *Begegnung zu machen.*

Alles dreht sich nach wie vor **um Menschen** *und* **ihre Gefühle.**

verlernt, es langsam angehen zu lassen, sich wirklich gefühlsmäßig auf ihr Gegenüber einzustellen und jeden Kontakt zu einer aufrichtigen und herzlichen Begegnung zu machen. Alles dreht sich nach wie vor um Menschen und ihre Gefühle, doch wir alle scheinen das irgendwie verlernt zu haben."

Falcon seufzte und blickte in die Ferne. Als er sich wieder Bill zuwandte, hatte dieser ein kleines ledergebundenes Notizbuch und einen Mont-Blanc-Kugelschreiber hervorgeholt.

„Ich weiß, was Sie meinen, Falcon. Auch ich habe einiges davon verlernt. Ich will mir das alles aufschreiben, damit ich es nicht noch mal vergesse."

„In Ordnung, doch denken Sie daran, dass es heute um unsere Erfahrung geht. Es ist daher wichtiger, dass Sie alles mitbekommen, als dass Sie sich viele Notizen machen, verstehen Sie?"

„Ist mir schon klar und ich weiß, was Sie mit den Gefühlen der Kunden meinen. Mir geht es auch so, dass ich das alles in der Hast des Alltags vergesse. Irgendwie hab' ich heute nicht mehr so viel Zeit wie früher."

„Das darf nicht passieren, Sie sind im Gefühlsgeschäft, Bill, genauso wie wir alle. Es ist wichtig, dass Sie sich auf die Erfahrung konzentrieren, die Ihre Kunden – und Ihre Angestellten – mit Ihnen und Ihrem Unternehmen machen. Es geht um Respekt, Authentizität, Einfühlungsvermögen und darum, verletzlich zu sein."

„Opa!" Annie kam mit ihrer Eiswaffel angelaufen. „Pfefferminz ist immer noch mein Lieblingseis."

„Nun ... es gibt immer ein nächstes Mal. Geschmäcker verändern sich, doch bis dahin bleibst du meine Pfefferminz-Prinzessin." Annie strahlte.

„Hier", sagte Falcon und griff in seine Tasche, „wirf doch mal die Jukebox an, Annie."

Er zählte acht Vierteldollar-Münzen ab. „Das reicht für sechs Lieder. Als ich noch ein Kind war, hat eine Handvoll Fünfcent-Stücke gereicht, um die Jukebox den ganzen Abend lang spielen zu lassen."

Annie entfernte sich vom Tisch und hielt ihre Waffel und ihre Münzen fest umklammert.

„Sie verhalten sich unglaublich super mit ihr." In Bill Wests Stimme schwang Bewunderung.

„Ach was, ich bin nur echt. Sehen Sie, Bill, deswegen habe ich gesagt, dass Sie viel lernen können, wenn Sie einen Nachmittag mit Annie als Ihrem Coach verbringen. Wenn Sie wie ein Kind denken, wenn Sie wieder zu einem Kind werden, können Sie alle Geheimnisse erfahren, um Ihr Gespür für das Geschäft wiederzubeleben. Haben Sie gesehen, wie sich der Besitzer um Annie gekümmert hat? Nicht weniger als neun verschiedene Sorten hat er sie versuchen lassen. Er hat sie nicht zur Eile angetrieben, obwohl er ebenso gut wie ich wusste, dass sie am Ende wieder bei Pfefferminz landen würde. Wissen Sie ... Kinder wollen nicht angetrieben werden, niemand will das. Albert hat das verstanden. Doch was ist seit dem Aufkommen der Technologie geschehen? Wir wollen innerhalb einer Nanosekunde Vertrauen aufbauen, wir lassen es sich nicht mehr entwickeln." Falcon unterbrach sich und schaute zur Eingangstür. „Sagen Sie, Bill ... wie spät ist es?"

„Fünfzehn Uhr."

„Oh Mann! Passen Sie auf, gleich stürmen die Horden herein. Die Mittel- und die Oberstufe haben jetzt Unterrichtsschluss."

„Sollten wir lieber gehen?"

„Nein, schauen wir einfach nur zu."

Annie gesellte sich wieder zu ihnen und saß still da, genoss ihr Eis und hörte den Liedern zu, die sie in der Jukebox ausgewählt hatte. Gleichzeitig begannen die Schüler hereinzuströmen.

„Das ist ja schlimmer als in einer Disco in den Siebzigern", entfuhr es Bill. „Die stehen ja in Dreierreihen vor der Eistheke."

Und doch wurden Sie Zeugen, wie Albert Garcia und seine Angestellten die Schülermenge meisterhaft bändigten. Erstaunlicherweise schien der Besitzer die meisten der Schüler namentlich zu kennen und mit jeder Eiskugel verteilte er zugleich Lob und Ermutigung.

„Joey, wie war dein Geschichtstest?"

„Super, Mr. Garcia, eine glatte Eins."

„Die zweite Kugel geht auf mich!"

Dann wandte er sich seiner nächsten Kundin zu. „Du hast dir ja die Haare schneiden lassen, Amy, das gefällt mir. Fühlst du dich wohl damit?"

Das Mädchen nickte scheu.

„Prima. Ich finde, dein Haarschnitt steht dir gut."

Falcon drehte sich zu Bill West und meinte: „Haben Sie gesehen, wie das Gesicht des Mädchens aufgeleuchtet hat, als er sie auf ihr Haar ansprach?"

„Ja, sie ist ein hübsches Mädchen."

„Sicher, aber sie ist ein Teenager, ihr ist das nicht

Im Mittelpunkt unserer Aufgabe stehen **Menschen** *und deren* **Gefühle.**

immer bewusst. Er hat es geschafft, dass sie sich gut fühlt, indem er sie auf ihr Haar ansprach. Machen Sie das mit Ihren Kunden und Mitarbeitern? Dass Sie auf etwas achten, das für diese von Bedeutung ist?"

„Nein, es wirkt auf mich gekünstelt, solche Komplimente zu machen."

„Gekünstelt? Noch so ein *Business School*-Mythos. Unsere Bedürfnisse als Erwachsene sind nicht so sehr verschieden von dem, was wir als Kinder brauchten. Wir brauchen das Gefühl, anerkannt, gelobt und geschätzt zu werden. Wenn Sie nach Gelegenheiten Ausschau halten, andere zu loben, wird sich Ihre gesamte Sichtweise des Lebens verändern, das verspreche ich Ihnen."

„Wird es das, echt?" Bill zog skeptisch eine Augenbraue hoch, während er die letzten Reste seines Eisbechers auslöffelte.

„Ganz sicher. Sie werden Ihre Zeit damit verbringen, nach dem Positiven Ausschau zu halten anstatt nach dem Negativen. Ihre Sicht der Dinge wird sich verändern. Was ist eigentlich dieses schwer zu beschreibende Etwas, das uns zu jemand anderem hinzieht?"

„Energie?"

„Energie und die Tatsache, dass uns der andere an seinen wahren Gefühlen teilhaben lässt. Wenn Sie nach einer Gelegenheit für ein Kompliment und für ein Lob Ausschau halten, oder danach, wie Sie die Leistung eines Menschen belohnen können – sei es ein Angestellter, ein Kunde oder ein Lieferant

– indem Sie Worte des Dankes und der wahren Anerkennung und Bewunderung aussprechen, so wird die positive Energie, die zu Ihnen zurückströmt, sich noch hundertfach verstärken."

„Aber dafür nimmt mich meine Arbeit viel zu sehr in Beschlag. Wird es mir wirklich gelingen, daran zu denken, innezuhalten und mir all dessen bei meinen Kunden und Mitarbeitern gewahr zu werden?"

„Wenn Sie es nicht schaffen, dann kann ich Ihnen versichern, dass sich die Dinge nicht zum Besseren wenden werden. Die Dinge, die Sie bei der Arbeit so sehr in Beschlag nehmen, Ihr Eingangskorb und Ihre Aufgabenliste, sind eigentlich gar nicht Ihre Aufgabe. Im Mittelpunkt Ihrer Aufgabe stehen Menschen und deren Gefühle. Der Schlüssel zu wahrem Erfolg liegt darin, seinen Fokus auf andere Menschen zu richten. Sehen Sie sich nur die Menge hier an. Meinen Sie, in anderen Eissalons geht es genauso zu? Albert und seine Angestellten sind nie frustriert und sie kümmern sich um alle kleinen Details."

„Mir ist schon klar, warum diese Eisdiele so beliebt ist. Mein Eis war tatsächlich unglaublich köstlich."

„Wem sagen Sie das ... das Rum-Rosinen-Eis schmeckt am besten. Na, Annie Bananie, wohin wollen wir jetzt?"

„In den Park! Hast du Brot dabei?"

„Zwei Brote von gestern sind unter dem Autositz."

Bill schaute Falcon fragend an.

„Wir sind Entenliebhaber", erklärte Annie. „Wir gehen zum Teich im Park und füttern sie."

„Schön, dann mal los. Das Eis geht auf mich. Das hier war zehntausend Eisbecher wert", sagte Bill. Als er bezahlte, war er sich plötzlich ganz sicher, dass am Ententeich neue Lektionen auf ihn warten würden.

Bills Notizblock

* Menschen sprechen auf Authentizität an. Das sollten wir nie aus den Augen verlieren.

* Wir reagieren positiv auf andere, die so sind wie wir. Beim nächsten Meeting werde ich die Geschichte über das Händeschütteln erzählen, die ich von Falcon gehört habe. Ich glaube, damit wird jeder etwas anfangen können.

* Alles dreht sich um Gefühle. Wir sind im Gefühlsgeschäft. Das soll sich jeder in der Firma so oft wiederholen, bis er wirklich daran glaubt.

* Wir müssen Einfühlungsvermögen zeigen und dem Kunden eine Erfahrung bieten, an die er sich gern erinnert, anstatt einfach nur guten Kundenservice.

KAPITEL 3

Durch Zusehen kann man sehr viel mitbekommen.

- Yogi Berra

Wenn Sie mir vor einer Woche gesagt hätten, dass ich einen Besuch in einem Eissalon als 'erhellend' bezeichnen würde, dann hätte ich Sie für verrückt erklärt."

„Visionäre laufen immer Gefahr, missverstanden zu werden, Bill. Wir müssen uns immer bewusst sein, dass wir die Welt verändern wollen."

„Die ganze Welt? Mir würden schon solide Quartalsgewinne und glückliche Aktionäre ausreichen."

„Die Welt ist nichts Statisches, wir sind ein Teil von ihr und wir können sie verändern. Sie brauchen einfach nur die Bereitschaft, das Risiko einzugehen, offen und verletzlich zu sein."

Bill warf einen Blick nach hinten zu Annie auf dem Rücksitz, die zufrieden aus dem Fenster schaute. Die übervölkerten Vororte wichen langsam einer Naturlandschaft.

„Mit süßen Kindern wie Annie fällt es leicht, verwundbar zu sein. Doch was ist mit den haifischverseuchten Geschäftsgewässern?"

„Bill, die Geschichte hat gezeigt, dass das Interessante an Helden nicht einfach nur ihre großen Stärken sind, sondern gerade auch ihre Schwächen. Von meiner Enkelin habe ich mehr gelernt als aus all den schlauen Büchern und Seminaren. Die Weisheit der Kinder liegt darin, dass sie ihre Gefühle nicht verbergen können. Sie empfinden Ehrlichkeit und Verletztlichkeit nicht als Schwäche. Das macht sie für uns so einzigartig und liebenswert."

Falcon bog nach links in einen herrlichen Park ab und fuhr in Richtung Ententeich. Paare gingen Arm in Arm spazieren, ein paar Teenager flitzten auf Inlinern vorbei und Kinder liefen unter den aufmerksamen Blicken ihrer Mütter umher.

„Mr. West", ließ sich Annie vom Rücksitz aus vernehmen, „wussten Sie, wenn man die Menschen anlächelt, dass sie dann zurücklächeln?“

Bill drehte sich zu Annie um und sah sie an: „Das ist, weil ihnen dein Lächeln so gefällt. Hat dich die Zahnfee besucht?“

Sie nickte: „Ich hab' 'nen Dollar bekommen. Einen Silberdollar!“

Falcon blinzelte Bill zu. „Ein Dollar mit Mehrwert. Er hat dieselbe Kaufkraft, sieht aber viel schöner aus.“

Annie winkte aus dem Fenster. „Manchmal winken die Leute sogar zurück. Ich mach' manchmal ein Wettwinken mit meinem Cousin Frank. Jeder winkt aus einem anderen Fenster und wir zählen, bei wem die meisten Leute zurückwinken.“

„Als wir in unserer Kultur aufgehört haben, zu winken und Hallo zu sagen“, meinte Falcon leise, „da haben wir unsere Verbindung zueinander verloren.“

„Ganz Ihrer Meinung und Kopfhörer waren da ganz sicher keine Hilfe.“

Falcon parkte und sie kletterten alle aus dem Wagen und machten sich in Richtung Ententeich auf den Weg. Annie hüpfte, pfiff vor sich hin und winkte anderen Spaziergängern zu.

Bill wandte sich an Falcon: „Ich habe über die Lektionen aus dem Eissalon nachgedacht.“

„Und?“

„Etwas stört mich daran. Wenn mir nun einfach nicht danach ist, zu lächeln, zu winken oder jemandem ein Kompliment zu machen? Wenn ich es dann trotzdem mache, wirkt es aufgesetzt, fast schon geschauspielert. Und das mit dem Händedruck ... wenn ich mich da meinem Gegenüber anpasse, bin ich nicht mehr authentisch.“

„Wir schlüpfen doch alle in irgendeine Rolle, wenn wir mit anderen kom-

DIE MENSCHEN REAGIEREN POSITIV AUF EIN *Lächeln.*

munizieren, Bill. Nur weil Sie sich in eine Rolle hineinbegeben, heißt das doch nicht, dass dieser Teil von Ihnen, diese Rolle, nicht auch ein 'wahrer' Teil, ein authentischer Teil von Ihnen selbst ist. Wann haben Sie das letzte Mal in einem Restaurant zu Abend gegessen?“

„Letzte Woche mit meiner Frau, wir waren bei Antonio's, einfach nur um zu reden. Wir wollten einen schönen Gesprächsabend haben.“

„Gefällt es Ihnen dort? Würden Sie dieses Restaurant einem Freund empfehlen?“

„Aber sicher. Antonio's ist vielleicht ein bisschen teuer, aber das Essen ist vorzüglich. Der Service war ausgezeichnet. Ich gebe ihm vier Sterne.“

„Sie sagen, der Service war ausgezeichnet. Hatten Sie eine weibliche oder eine männliche Bedienung?“

„Weiblich. Sie war richtig gut, nicht zu aufdringlich, einfach mit dem richtigen Maß an Freundlichkeit.“

„Meinen Sie, dass es ihr Spaß gemacht hat, den ganzen Abend auf den Beinen zu sein? Glauben Sie, es macht ihr Freude, sich um den unvermeidlichen unzufriedenen Gast zu kümmern, der sein Essen zurückgehen lassen will?

Und dass sie ständig zwischen der heißen Küche und dem Gastraum hin- und herrennen muss?“

„Ob es ihr Freude gemacht hat? Nein“, antwortete Bill. „Es gehört nicht zu ihrer Aufgabe, dass ihr das Spaß macht. Es wird von ihr erwartet, freundlich zu sein. Service mit einem Lächeln, nicht wahr?“

„Ganz genau. Es ist ihre Aufgabe, freundlich zu sein und zu lächeln, damit Sie und Ihre Frau sich wohlfühlen und Sie zuvorkommend und professionell zu bedienen. Sie hat ihre eigenen emotionalen Bedürfnisse hinter die Ihrigen gestellt. Für mich ist das ein Akt der Nächstenliebe. Es spielt gar keine Rolle, ob das zu ihrer Aufgabe gehört. Sie konnten nicht wissen, ob sie erschöpft war oder ob sie sich vielleicht vor der Arbeit mit ihrem Mann oder einem Mitbewohner gestritten hatte. Sie ist in die Rolle einer professionellen Bedienung hineingeschlüpft. Alles dreht sich um unsere Herzensgefühle. Es geht darum, mich zu fragen, wie ich mich anziehen kann, damit mein Gegenüber sich wohl fühlt. Wie sollte ich sprechen? Wie sollte mein Händedruck sein? Wenn wir dieser Art von Einfühlungsvermögen unsere Aufmerksamkeit schenken, bringen wir damit Stärke, Mitgefühl und Gelassenheit zum Ausdruck. Von diesen Eigenschaften fühlen wir uns angezogen und ermutigt.“ Falcon lächelte, als er sah, wie Annie sich einer Schar von Enten und Gänsen näherte. „Und zwar ganz genau so wie damals, als wir selbst klein und hilflos waren.“

„Opa! Opa! Charlie ist wieder da!“

„Charlie?“ Bill sah sich um, doch am Ententeich war sonst niemand zu erblicken.

„Das ist die große weiße Ente mit den schmutzigen Federn. Wir hatten ihn hier immer gesehen, doch letzten Winter verließ er den Teich und war bisher noch nicht zurückgekehrt. Er ist Annies Lieblingsente.“

MENSCHEN SIND WIE ENTEN

Eine einzige schlechte Erfahrung kann sie schon vor uns Reißaus nehmen lassen.

Annie nahm eine der Tüten mit dem Brot und näherte sich der Tiergruppe. Die Enten und Gänse machten sich laut quakend und schnatternd mit Eifer über das Brot her. Manche fingen sogar von Annie hoch geworfene Stücke in der Luft ab, was ihr besondere Freude bereitete.

„Sie machen Kunststücke!“, rief sie. Andere Tiere hielten sich weiter hinten und begnügten sich damit, an kleinen Krumen herumzuknabbern, die die anderen weiter vorne wegschleuderten. Charlie hielt sich auch hinten.

„Charlie? Was ist los mit dir, Charlie?“ Annie versuchte mehrmals, sich der Ente zu nähern und bot ihr große Brotstücke an, doch sie wich nervös zurück.

„Opa? Was ist denn mit Charlie los? Letztes Jahr war er doch mein Freund!“

„Ich weiß es nicht, Liebling. Halte mal ganz still. Vielleicht erinnert er sich nicht an dich.“

Falcon und Bill kamen näher heran, um ihn sich genauer anzusehen.

„Er macht ganz klar einen verstörten Eindruck“, meinte Bill, „und sein linker Flügel liegt nicht richtig auf seinem Rücken an.“

Falcon ging mit Bill einige Schritte zu einer großen Eiche zurück. Flüsternd sagte er: „Wissen Sie, letztes Jahr war da ein Junge, den ich mehrfach dabei erwischt habe, wie er Steine auf Charlie geworfen hat. Wer weiß, vielleicht ist Charlie dabei einmal verletzt worden.“

„Das ist eine Schande!“

„Nun, ... Enten unterscheiden sich nicht so sehr von uns Menschen.“

„Das muss ich mir aufschreiben“, erwiderte Bill lachend und holte Stift und Notizbuch hervor. „Falcon, Sie können in fast allem eine Bedeutung erkennen. Sagen Sie mir also bitte, inwiefern sich Enten und Menschen ähnlich sind!“

„Nun, Sie wissen ja sicher, dass sich Gleichgesinnte, so wie die Enten, gerne zusammentun“, gab Falcon spaßend zurück. „Hier ist eine weitere Einsicht:

Wenn sie mit uns gute Erfahrungen machen, so kehren sie gerne zu uns zurück. Machen sie schlechte Erfahrungen, dann kommen sie nie wieder. Ein einziges Mal, bei dem es an Einfühlungsvermögen mangelt, kann bereits ausreichen, ihre Beziehung zu den Menschen zu ruinieren. Für Enten kann das ein Stein sein, für Menschen eine Situation, in der ihre emotionalen Bedürfnisse nicht wahrgenommen wurden, oder schlimmer noch ... ignoriert wurden."

„Ich weiß genau, was Sie meinen."

„Opa! Komm bloß schnell her! Komm her!!!" Annie hüpfte nervös von einem Bein auf das andere und zeigte aufgeregt zum Ufer des Teichs. Bill und Falcon liefen zu ihr hin.

„Hast du sie gesehen? Schau! Da ... das hättest du sehen sollen ... da!!!"

„Was denn, Liebling, wo?"

„Da! Da!" Annie wedelte wild mit den Armen, so dass die beiden Männer nicht sogleich erkennen konnten, dass sie sie auf eine kleine Schar von Entenküken aufmerksam machen wollte, die sich im Schilf versteckt hielt. Bill entdeckte sie schließlich.

„Falcon, schauen Sie dorthin, da am Uferrand, links von dem Baumstamm."

„Psst!", wies Falcon die beiden anderen an. Alle drei wurden mucksmäuschenstill und beobachteten, wie die Entenmutter herankam und sich um ihre Nachkommenschaft kümmerte. Nach einigen Augenblicken wisperte Falcon: „Lassen wir sie ein wenig allein." Die drei entfernten sich und Falcon gab Annie die zweite Tüte mit Brot. Er und Bill zogen sich wieder auf ihren Platz unter der Eiche zurück.

„Sie war so aufgeregt, mir war am Anfang gar nicht klar, was sie uns zeigen wollte!"

„Typisch meine Enkelin! Ohne Hemmungen, sie ist so lebendig. Und, wissen

Nimm auch andere Perspektiven wahr. Frage dich stets:

WELCHE FARBE HAT IHR VOGEL?

Sie, wenn wir mit Menschen sprechen, sollten wir eine ähnliche Begeisterung hervorrufen. Das ist einfach reine Energie, nichts weiter. Die Menschen lassen sich von demjenigen überzeugen, der leidenschaftliches Interesse zeigt."

Nachdem Annie auch das zweite Brot verfüttert hatte, gesellte sie sich zu den beiden Männern. Sie blickte in die Krone der Eiche hinauf und rief aus: „Opa, da oben sitzt ein blauer Vogel!"

„Ein Blauhäher vielleicht?", meinte Bill.

„Nein, irgend ein anderer blauer Vogel. Ich weiß, wie ein Blauhäher aussieht. Die sind gemein zu den anderen Vögeln."

Bill und Falcon schauten ebenfalls hoch.

Bill schielte zu ihr rüber. „Der Vogel ist grün, Annie, ich bin mir aber auch nicht sicher, wie er heißt."

„Er ist blau, ich kann ihn genau erkennen."

„Er hat ein tiefes, sattes Grün", beharrte Bill. „Vielleicht ist jemandem ein Wellensittich entflogen."

„Blau!", kicherte Annie, doch sie war ebenso beharrlich wie Bill und verschränkte die Arme.

„Grün!", erwiderte Bill lachend.

Falcon sagte nichts, sondern ging nur einige Male um den Baum herum. Schließlich meinte er: „Wer von euch beiden sich irrt, muss für alle drei drüben am Kiosk die Getränke bezahlen."

„Abgemacht", sagte Annie voller Überzeugung.

„Bill, kommen Sie mal hier herüber." Bill ging zu Falcon, der sich inzwischen auf den Boden gekniet hatte. „Legen Sie sich mal genau dorthin, wo Annie gerade eben gestanden hat."

„Mich hinlegen? Mit diesem Anzug?"

„Jawohl!"

Bill fühlte sich albern, doch er setzte sich ins Gras und lehnte dann den Oberkörper zurück. „Von hier aus betrachtet, ist der Vogel tatsächlich blau. Das ist unglaublich."

„Die Federn mancher Vögel reflektieren das Licht unterschiedlich, je nach Betrachtungswinkel. Ich glaube, die Getränke gehen auf Sie!" Falcon lachte herzhaft und half Bill wieder auf die Beine. „Tut mir Leid, Annie, ich war mir sicher, dass er grün ist."

Annie griff seine Hand. „Das ist schon okay. Ich wusste ja, dass er blau ist."

Sie schlenderten alle drei nebeneinander her und Falcon flüsterte Bill zu:

„Wissen Sie, was das gerade war?"

„Ein blauer Vogel?"

„Teilnehmendes Beobachten."

„Können Sie mir das erläutern?"

„So etwas machen die Ethnographen und Kulturanthropologen: in die Schuhe eines anderen schlüpfen. Im Geschäftsleben können wir anderen Fragen stellen, doch die Antworten, die wir erhalten, stammen immer aus deren derzeitiger Perspektive. Sie entsprechen dem, was diese gerade denken. Und manchmal ist es ihnen selbst nicht einmal klar; dann müssen wir dasselbe tun wie sie: uns auf den Boden legen, um zu erkennen, welche Farbe ihr Vogel hat."

„Das gefällt mir, die Erfrischung haben Sie sich verdient. Wohin geht 's jetzt?"

„Erst zum Kiosk und dann zum Sandkasten. Das war bis jetzt noch gar nichts!"

Bill grinste und spürte Annies Hand in der seinen. „Falcon, ich bin mir ziemlich sicher, dass Sie da Recht haben!"

Bills Notizblock

* Kinder sprechen darauf an, wenn wir ihnen gegenüber authentisch und verletzlich sind. Erwachsene tun dies ebenfalls. Hören wir also mit dem prahlerischen Unsinn auf und seien wir echt in allem, was wir tun, von der Werbung über den Verkauf hin zum Management, usw.
* Jeder muss in der Gegenwart von anderen in die angemessene Rolle des Sich-Kümmerns hineinschlüpfen. Diese Rolle wird dadurch nicht falsch, sie ist einfach nur ein weiterer Aspekt unserer selbst.
* Die Weisheit der Kinder liegt in ihrer Unfähigkeit, ihre Gefühle zu verbergen. Ich muss wieder mehr wie ein Kind sein.
* Helden werden wegen ihrer Stärken bewundert – und wegen ihrer Schwächen.
* Begeisterung ist eine spürbare Energie, die ansteckend wirkt. Dieses Gefühl müssen wir unseren Kunden immer vermitteln.
* Ich muss raus aus meinem Büro und die Perspektiven meiner Angestellten und Kunden wahrnehmen. Ich will mich stets fragen:

WELCHE FARBE HAT IHR VOGEL?

KAPITEL 4

Das Herz hat seine Gründe, die der Verstand nicht kennt.

~ Blaise Pascal

Am Kiosk kaufte Bill für Annie ein Waffeleis, für Falcon eine Cola und für sich selbst eine Cola und einen mit reichlich Senf versehenen Hotdog.

„Ich muss schon sagen, dieser Nachmittag weg von meinem Büro macht mir inzwischen so viel Spaß, dass ich mich fast schon schuldig fühle“, lächelte er vor sich hin und genoss sein Junkfood. „Normalerweise esse ich gar keine Hotdogs mehr.“

Sie setzten sich an einen schattigen Picknicktisch unter einem Baum und sahen einem Jungen zu, der nicht weit von ihnen entfernt einen beeindruckenden Lenkdrachen steigen ließ.

„Darf ich näher rangehen, um das besser zu sehen, Opa?“

„Sicher, meine Süße, aber lauf nicht weg. Bleib da, wo ich dich sehen kann.“

Annie ging mit ihrer Waffel zu dem Jungen hinüber, der einige Jahre älter zu sein schien. Er zeigte ihr gern sein Können und ließ den Drachen in alle Richtungen jagen.

„Wissen Sie, Bill“, sagte Falcon, „Ich habe über unsere arme Ente nachgedacht.“

„Ach ja ... ich auch. Es ist echt eine Schande, dass ihr jemand so etwas antut.“

„Ja, Vertrauen ist etwas sehr Zerbrechliches. Und, wissen Sie, ich habe da an noch etwas gedacht.“

„Was denn?“

„Den ganzen Winter über haben wir Charlie nicht gesehen und jetzt im Frühjahr habe ich mit Annie andere Dinge unternommen, wir waren im Museum und in der Bibliothek. Die Ente hatte also lange Zeit keinen Kontakt mit uns. Auch ohne den herzlosen Jungen wäre Charlie sicher uns gegenüber vorsichtig gewesen.

Enten brauchen häufigen Kontakt, genauso wie wir Menschen."

„Da haben Sie wahrscheinlich Recht."

„Denken Sie mal darüber nach. Hatten Sie mal einen Freund, den Sie schon sehr, sehr lange nicht mehr gesehen hatten? Wenn dann ein Schultreffen ansteht oder Sie zufällig seiner Mutter begegnen, die Sie bittet, ihn anzurufen, was machen Sie dann?"

„Soll ich ehrlich sein? Ich würde mich unwohl fühlen. Ich würde denken: 'Was ist, wenn der Kerl nichts mehr von mir hören will? Wir haben ja den Kontakt verloren ...'"

„Mir ginge es ganz genauso. Und Kunden sind da nicht anders. Wenn sie nicht immer wieder von uns hören, nehmen sie das Schlimmste an: 'Man hat mich vergessen; dieser Firma bin ich wohl als Kunde egal; die sind auch nicht besser als alle anderen'. Die Psychologen sagen, dass wir uns ganz natürlich zu dem hingezogen fühlen, das uns vertraut ist, mit dem wir immer wieder zu tun haben. Und die Dinge und Menschen, die wir nicht häufig sehen ..."

„Schon verstanden. Die Lektion besteht also darin, die Enten häufig zu füttern", scherzte Bill.

VERTRAUEN, EINFÜHLUNGVERMÖGEN

„So ungefähr. Wir sollten nicht einfach nur vermuten, dass wir häufig den Kontakt suchen, sondern wir sollten es uns zur festen Vorgabe machen. Ihr Unternehmen sollte für diese Form der Kundenbindung bekannt sein."

„Wissen Sie, Falcon, ich habe über Annies blauen Vogel nachgedacht. Als ich darauf bestehen wollte, dass ihr Vogel eine andere Farbe hat, gelang es mir nicht, sie zu überzeugen."

„Natürlich nicht. Das bei Menschen zu versuchen, ist reine Zeitverschwendung – und im Geschäftsleben reine Geldverschwendung! Wir alle identifizieren uns viel zu sehr mit unserer eigenen Sicht der Dinge. Unsere Vorstellungen, unsere Werte und sogar unsere Vorurteile sind aus den Entscheidungen entstanden, die wir im Lauf unseres Lebens getroffen haben. Seien wir doch mal ehrlich, selbst wenn wir versuchen, offen zu sein, neigen wir doch alle zu vorschnellen Schlussfolgerungen."

„So wie ich, als ich vorschnell gefolgert habe, dass mein Gesprächspartner einen Porsche fährt und keinen Overall trägt. Wie idiotisch ..."

„Nicht idiotisch, einfach nur menschlich. Wir alle folgern zu rasch. Die einzige Möglichkeit, die Erwartungen unserer Kunden zu verstehen, diese Erwartungen

und *Integrität,* kann man

NICHT KOPIEREN.

vorherzuahnen und den Kunden an uns zu binden besteht daher darin, uns in seine Sicht der Dinge einzuklinken und diese zu respektieren. Das können wir von Kindern lernen. Wir müssen ihre Gefühle – ihre Sicht der Dinge – anerkennen, ehe wir ihnen helfen können. Warum vergessen wir das bloß, anstatt es auch auf Erwachsene anzuwenden?“

Bill schluckte den letzten Bissen seines Hotdogs hinunter und schüttelte den Kopf. „Wissen Sie, Falcon, ich habe wirklich das Gefühl, dass ich heute sehr viel gelernt habe. Mir bereitet der Tag wirklich Freude und ich freue mich sehr an Ihrer Enkelin, doch ich glaube, das ist alles irgendwie zu einfach. Das begreift doch jeder. Ich brauche Ratschläge, die mir helfen, ein Hundert-Millionen-Dollar-Unternehmen zu lenken ... und es in die Zukunft zu führen.“

Falcon machte einen enttäuschten Eindruck. „Aber Bill ... wenn es doch so einfach ist, warum tut es dann nicht einfach jeder? Ich will Ihnen den Grund verraten. Die meisten intelligenten Männer und Frauen – Menschen so wie Sie, mit Eliteabschlüssen und langjähriger Erfahrung im Geschäftsleben – haben den Glauben an das Einfache verloren. Sie glauben, dass etwas kompliziert sein muss, wenn es einen Wert haben soll. Das Wertvollste jedoch kann nicht kopiert werden. Was sich in diesem hochtechnologischen Zeitalter nicht kopieren lässt, das sind die komplexen menschlichen Beziehungen, die das Fundament eines jeden Unternehmens bilden. Bill, Vertrauen, Einfühlungsvermögen und Integrität kann man nicht kopieren.“

Annie hatte währenddessen selbst die Drachenschnüre in den Händen, was ihr sichtlich Riesenspaß bereitete. Der Wind ließ allerdings rasch nach und der Drachen stürzte auf den Boden. Der Junge sagte etwas zu Annie, worauf sie zu den Männern herübergelaufen kam.

„Ich verstehe das einfach nicht“, meinte sie mit zitternden Lippen, „Er sagt, dass er heute nicht mehr fliegen will. Der Wind ist weg. Aber warum kann er nicht einfach ganz schnell laufen und den Drachen wieder steigen lassen?“

„Das könnte er vielleicht, Annie“, erwiderte Bill, schwang sich von der Sitzbank am Picknicktisch und ging neben ihr in die Hocke. „Aber, was meinst du, würde mit dem Drachen passieren, wenn der Junge stehen bleibt?“

„Würde er wieder runterfallen?“

„Stimmt genau, Annie! Damit der Drachen in der Luft bleibt, muss der Wind ihn fassen und dort oben halten“, erklärte Bill sanft. „Um diese Tageszeit lässt der Wind meistens nach. Aus dem Drachen steigen lassen wird heute wohl nichts mehr.“

Entmutigt lümmelte sich Annie auf die Bank.

„Wollten wir denn nicht sowieso zum Sandkasten?“, fragte Bill. „Dann ist es doch egal, wo der Wind gerade steckt.“

Annie blickte auf, einen Hoffnungsschimmer in den Augen. „Und? Gehen wir? Gehen wir?“

Die beiden Männer lächelten und erhoben sich.

„Zum Sandkasten!“, befahl Bill West lachend und salutierte wie ein Kavallerieoffizier.

„Dann los!“, rief Annie und spurtete als erste davon.

„Bill ... mir ist aufgefallen, dass Sie bei Ihrer Erklärung über den Drachen Annie nicht gleich die ganze Antwort geben wollten.“

„Worauf wollen Sie hinaus?“

„Ich kann hier nur vermuten, Bill, aber ich nehme an, dass Sie sich manchmal bei Ihren Kunden nicht zurückhalten können, ihnen zu zeigen, dass Sie der Experte sind und die Lösung für ihr Problem kennen. Sie müssen es den Kunden einfach zeigen.“

„Also ...“

„Bill, hören Sie. Es ist völlig in Ordnung, schlauer als die anderen zu sein, wenn möglich. Sie sollten nur darauf achten, zugleich auch so weise zu sein, es die anderen nicht merken zu lassen. Helfen Sie ihnen lieber, die Antwort selbst herauszufinden, so wie Sie es bei Annie gemacht haben. Jeder hat das Bedürfnis, sich intelligent und überlegen zu fühlen, nicht nur Kinder.“

Bill blickte zum Horizont und nickte, während er in Gedanken seine letzte Verkaufspräsentation Revue passieren ließ.

Am Sandkasten gesellte sich Annie zu zwei Kindern, die mit Schaufeln und Eimern spielten. Im Handumdrehen waren die drei glücklich ins gemeinsame Spiel vertieft.

„Das hier ist meine übliche Bank“, erklärte Falcon und die beiden Männer nahmen Platz, um still den Kindern zuzusehen.

Bill zog seinen Stift und sein Notizbuch heraus. „Ich will mir nur kurz ein paar Notizen machen. Ich kann Ihnen sagen, dass ich mich seit langem nicht mehr so energiegeladen gefühlt habe.“

Falcon lächelte. „Schön. Und ich? Ich schaue den Kindern beim Spielen zu. Achten Sie mal auf Annie, sie hat noch nicht einmal zu uns herüber gesehen“, sagte Falcon leise. „Sehen Sie, wie sich alle drei glänzend vertragen. Und ich? Für sie bin ich aus den Augen, aus dem Sinn.“

„Stimmt Sie das nicht ein wenig traurig?“

„Nein, so sollte es ja schließlich sein. Und wissen Sie, unsere Kunden machen das ganz genauso. Wir Menschen sind ein ziemlich vorhersagbarer Haufen.“

„Was machen die Kinder denn jetzt?“

Annie, der Junge und das andere Mädchen hatten sich auf den Rücken gelegt

Jemand sagte einmal:

*„Das **GEHEIMNIS***

der Genialität besteht

darin, sich bis ins

hohe Alter den

***GEIST** eines*

Kindes zu bewahren".

und bewegten ihre Arme und Beine über den Sand. Dann standen die drei auf. „Sandengel!“, riefen alle drei gleichzeitig aus.

Bill und Falcon lachten beide von Herzen.

„Jetzt habe ich wirklich alles gesehen“, gluckste Bill.

„Nun, die drei sind wirklich kreativ. Und außerdem haben sie nicht so viele Hemmungen wie wir. Es macht ihnen nichts aus, sich schmutzig zu machen oder ein bisschen albern zu wirken.“

„Sie sind von Kopf bis Fuß voll mit Sand! Schauen Sie sich nur Annies Haare an!“

„Niedlich, hm? Mein Auto wird heute Abend auch voller Sand sein. Sehen Sie, Bill, wir meinen immer, diese Art von Vorstellungskraft und Kreativität ist nur etwas für Siebenjährige. In unserer Unternehmenskultur fürchten sich alle davor, einfach nur zu spielen, dumm auszusehen oder einen Fehler zu machen. Wir trachten alle nach Ernsthaftigkeit, wir verachten die Spontanität und den

kindlichen Einfallsreichtum."

„Ich nehme an, das ergänzt das, was Sie vorhin über die Führungskräfte sagten, die meinen, dass die Lösungen nicht einfach sein können."

„Exakt, doch das ist alles falsch. Ich kann mich erinnern, dass ein großer Denker einmal gesagt hat: 'Genialität besteht darin, sich willentlich in die Kindheit zurückzuversetzen.'"

„Nun, diese drei sind mit Sicherheit kleine Genies. Sie haben Schneeengel in den Sand gemalt."

Die beiden Männer saßen still da und sahen den Kindern beim Spielen zu. Plötzlich brach anscheinend ein Streit über eine der Sandformen aus, mit welchen sie gerade dabei waren, eine vielfach verzierte Sandburg zu errichten.

„Sollen wir rübergehen und den Streit schlichten?", fragte Bill.

„Nein, Annie soll lernen, ihre Gefühle im Griff zu haben."

Annie stand abrupt auf, verschränkte die Arme und kam zu Falcon herübergestapft.

Sie war wütend, doch Falcon und Bill konnten auch die Frustration in ihrer Stimme spüren.

„Ich hatte es zuerst und Mike sagte, dass ich es nehmen darf und dann hat Jessica es mir weggenommen und dabei gehört es ihr gar nicht!"

Falcon beruhigte seine Enkelin mit sanften Worten über die Schwierigkeit des Teilens und die Wichtigkeit von Kompromissen.

„Könntest du es nicht Jessica fünf Minuten lang haben lassen und es dann selber nehmen?", fragte Bill. „Ich könnte dir sagen, wann die fünf Minuten um sind. Ich brauche nur die Weckfunktion meiner Armbanduhr einzustellen." „Das würde schon gehen", gab Annie achselzuckend zurück. Sie wischte sich mit dem

Handrücken über das Gesicht und gesellte sich wieder zu ihren Spielkamaraden. Schon bald schien im Sandkasten wieder Frieden zu herrschen.

„Haben Sie bemerkt, dass Sie die anderen Kinder nicht schlecht gemacht haben, Bill?"

„Hm?" Bill war gerade dabei, die Weckfunktion seiner Uhr einzustellen.

„Sie haben nicht zu Annie gesagt: 'Mein Gott, das andere Mädchen ist ja wirklich gemein oder egoistisch.'"

„Na ja, nein, das sind doch nur Kindereien."

„Kindereien, hm? So was machen doch nur Kinder, richtig?"

„Genau."

„Bei Kindern sollten wir also die Wut als Schmerz oder als Frustration wahrnehmen und nicht einfach als Wut. Wir sollten uns auch nicht hineinziehen lassen. Und bei Erwachsenen soll das etwas anderes sein?"

„So habe ich das ja noch gar nicht gesehen."

„Bill, wie oft passiert das Ihnen im Geschäftsleben? Dass Sie sich in etwas hineinziehen lassen, das sich am besten mit einer gesunden Dosis an Einfühlungsvermögen lösen lässt?"

„Ich lasse mich oft mitten in Konflikte zwischen meinen Mitarbeitern hineinziehen. Und da haben Sie recht, ich höre dann, wie wütend sie sind. Ich erlebe Entrüstung und Schreien und auf Tische krachende Fäuste, aber ich bekomme diese *Sandkastenweisheit* einfach nicht mit."

„*Sandkastenweisheiten*", schmunzelte Falcon. „Nun fangen Sie auch schon mit diesem Zeugs an. Was sind *Sandkastenweisheiten*?"

„Nun, in mancherlei Hinsicht verhalten sich meine Leute wie Kinder im Sandkasten. Manchmal haben Sie ein verzweifeltes Bedürfnis danach, gehört und verstanden zu werden, genauso wie Annie. Doch ich bekomme das nicht mit. Ich

„Nun, in mancherlei Hinsicht verhalten sich meine Leute wie **KINDER** *im Sandkasten.*

Manchmal haben Sie ein **VERZWEIFELTES** *Bedürfnis danach,* **GEHÖRT** *oder* **VERSTANDEN** *zu werden,*

genauso wie Annie.“

nehme das als einen regelrechten Krieg wahr und dann muss ich mich einfach einmischen. Wissen Sie, Falcon, ich vermute, dasselbe kann auch mit ärgerlichen Kunden oder Lieferanten passieren."

„Und?"

„Und ... ich muss einfach dafür sorgen, dass es meine Leute langsamer angehen lassen. Sie müssen die Welt ausblenden – ihre eigenen gefühlsmäßigen Reaktionen eingeschlossen – und sich auf unsere Kunden konzentrieren. Wir müssen uns ernsthaft mit dem Schmerz oder der Angst auseinandersetzen, oder welche Emotion auch immer hinter dieser Wut steckt. Hier sind wir wieder bei den *Sandkastenweisheiten*."

„Diese Einsicht gefällt mir, Bill."

Bills Armbanduhr meldete sich und er rief zum Sandkasten hinüber:

„Zeit zum Wechseln!"

Im Sandkasten blieb es weiterhin friedlich.

„Ich wünschte mir, alle Konflikte zwischen meinen Mitarbeitern wären so leicht zu lösen."

„Das sind sie, wenn wir sie im Sandkasten belassen und dafür sorgen, dass nichts überbordet."

„Ich weiß, was Sie meinen."

Die zwei Männer schauten weiterhin den Kindern zu, doch Bill Wests Gedanken drehten sich im Kreis. Konnte das alles wirklich so einfach sein? Waren ihm alle diese Eigenschaften wie Authentizität, Einfühlungsvermögen, Verletzbarkeit und Kreativität verloren gegangen? Würde er das können, wozu Falcon ihn aufforderte? Konnte er sich willentlich in die Kindheit zurückversetzen?

Bills Notizblock

* Häufiger Kontakt führt zu einem guten Gefühl. Ich werde sicherstellen, dass unsere Leute mit unseren Kunden Kontakt halten. Unser neues Mantra heißt:
  Füttert die Enten oft.
* Wir dürfen schlauer als unsere Kunden sein – aber wir müssen ihnen helfen, selbst auf die Lösung zu kommen. Wir dürfen nur nicht darauf hinweisen, wie schlau wir doch sind.
* Einfühlungsvermögen und Integrität kann man nicht kopieren. Das soll den Vorsprung vor unseren Mitbewerbern ausmachen.
* Es fällt leichter, sich in Kinder hineinzuversetzen, doch unser Einfühlungsvermögen sollte auch bei Erwachsenen genauso tiefgehend und ernsthaft sein. Wichtiger als Recht zu haben, ist es sanft und freundlich zu sein!
* Wir sollten bei jeder Kommunikation nach Sandkastenweisheiten Ausschau halten, insbesondere aber bei Konflikten.

KAPITEL 5

Wahrheit ist wichtiger als Tatsachen.

~ Frank Lloyd Wright

Bill West ertappte sich dabei, wie er in die Wolken über dem Spielplatz starrte. Ihm war klar, dass er an jedem normalen Tag in seinem Eckbüro mit der grandiosen Aussicht weder die Skyline der Hochhäuser noch den Himmel bewusst wahrgenommen hätte. Er hätte sich auf seine Tabellen und Statistiken konzentriert und er hätte in schneller Abfolge Telefonate geführt. Die strahlend weißen Wolken über sich hätte er mit Sicherheit nicht gesehen.

Er kam zu dem Schluss, dass der Himmel irgendwie surreal aussah, wie in einem Traum. Sein Blau war einfach zu klar, zu leuchtend, ein allzu vollkommenes ... Blau. Nicht einmal ein Meister wie Michelangelo, dessen Sixtinische Kapelle er vor zwei Jahren während einer Italienreise bewundert hatte, hätte die Vollkommenheit dieses Meisterwerks der Natur nachempfinden können. Jede einzelne Wolke war so wattig weich, dass es aussah, als bestünde sie aus fein gewebter Baumwolle. Die Luft war so klar und frisch und es waren keine Telefone zu hören, keine Gespräche, keine über die Büroflure hastenden Fußschritte der hier- und dorthin eilenden Angestellten. Nein, die einzigen Geräusche stammten von lachenden Kindern und vom Wind sanft bewegten Zweigen. Für einen Moment schloss er seine Augen und fühlte sich in seine eigene Kindheit zurückversetzt. Mit einem Mal befand er sich in einer tief nostalgischen Stimmung. Falcon holte ihn in die Gegenwart zurück und es schien, als er habe er Bills Gedanken gelesen.

„Was hätten Sie getan, wenn Sie kein Geschäftsmann geworden wären?“ Falcon stellte Bill diese Frage, während beide ihren Blick auf die spielenden Kinder im Sandkasten gerichtet hielten.

Bill brauchte eine Weile, um seine Gedanken zu sammeln. „Soll ich ehrlich sein? Wenn ich nicht so leistungsgetrieben wäre, hätte ich wahrscheinlich etwas getan, um Tieren zu helfen. Wäre wohl Tierarzt geworden, aber ich war in Biologie immer grottenschlecht."

„Haben Sie Haustiere?"

„Oh ja. Wir haben zwei Hunde – einen Akita und eine liebenswerte Promenadenmischung, die vor sechs Jahren in unser Leben kam und seither bei uns ist. Meine Frau hat seit vierzehn Jahren eine Katze, eine alte, dicke getigerte Katzendame namens Mac. Und dann haben wir noch ein Pärchen Kanarienvögel."

„Das ist ja schon fast eine Menagerie!"

„Ja, das kann man wohl sagen. Diese Seite von mir bekommen meine Mitarbeiter für gewöhnlich nicht zu sehen. Doch wenn ich das denke, was wir über das Verletzlichsein gesagt haben ... vielleicht sollten sie diese Seite auch kennenlernen."

„Das denke ich auch. Das habe ich auch mit Annie so gemacht: Bevor ich die Firma verkauft habe, als Annie noch ein Baby war, habe ich sie manchmal ins Büro mitgenommen. Sie haben sicherlich bemerkt, dass ich der stolzeste Großvater auf diesem Planeten bin. Wenn ich sie mitbrachte, wurden alle in der Firma daran erinnert, dass wir alle Menschen sind: Der Firmenchef krabbelte auf allen vieren gemeinsam mit einem Kleinkind um seinen Schreibtisch herum – und das ist völlig in Ordnung so. Wir sollten verletzlich sein. Wir brauchen unseren Angestellten nicht als Götter zu erscheinen."

„Was ist mit Ihnen, Falcon? Was wäre aus Ihnen geworden, wenn Sie nicht Unternehmer geworden wären?"

„Ich? Ich wäre Zauberer geworden."

„Ein Zauberer?"

„Jawohl. Dann hätte ich die ganze Zeit mit Kindern spielen können – mit kleinen wie Annie und mit großen Kindern, so wie ich eins bin!"

Kaum hatte er diese Worte ausgesprochen, als er auch schon von der Bank hüpfte und auf die Hände sprang.

„Ha!“, rief er, „Ich kann sogar noch einen Handstand!“ Er verharrte einen Moment, bevor er sich wieder aufrichtete.

„Kennen Sie ein paar Zaubertricks?“

„Ob ich Zaubertricks kenne? Sehen Sie her mein Freund und denken Sie an zwei Worte: Wahrheit und Tatsache.“

„Wahrheit und Tatsache? Das ist doch dasselbe, oder?“

„Weit gefehlt, Bill, weit gefehlt.“

Damit schritt Falcon zu den Kindern hinüber. Er setzte sich auf den hölzernen Rand des Sandkastens und versammelte Mike, Jessica und Annie um seine Knie.

Sein erster Trick war der Lieblingstrick aller Großväter. Er zog einen Silberdollar aus der Tasche und ließ ihn verschwinden. Dann zog er ihn zur großen Freude der Kinder hinter Mikes Ohr wieder hervor.

„Nochmal! Nochmal!“, riefen alle drei gleichzeitig.

Falcon gehorchte mit Freuden und holte den Silberdollar aus Jessicas Ohr und dann auch aus Annies Ohr hervor. Die Kinder steckten sich die Finger in beide Ohren, um zu sehen, ob da noch mehr Münzen versteckt waren.

„Wisst ihr was, Kinder“, sagte Falcon, „ich glaube, jeder von euch braucht einen Silberdollar.“ Er zog ein weißes Taschentuch aus seiner anderen Tasche. Er quetschte damit seine Nase und gab gleichzeitig alle möglichen lauten Geräusche von sich, die die Kinder laut auflachen ließen. Auf einmal machte er ein erschrockenes Gesicht und drei Münzen tauchten in seinem Taschentuch auf. „Das sind wohl eure“, meinte er und händigte die großen, glänzenden Münzen seinem Publikum aus.

„So, Kinder, für den nächsten Trick brauche ich einen Assistenten, oder am besten gleich drei."

Er nahm eine Handvoll Sand und ließ ihn langsam in seine geschlossene Faust rieseln. Er streckte jedem der Kindern die Faust hin und ließ eins nach dem anderen darauf pusten. Die Kinder riefen: „Abrakadabra" und mit einem Tusch öffnete Falcon seine Hand.

„Der Sand ist weg!" Mike ergriff Falcons Hand und starrte sie an.

„Wie haben Sie das gemacht?"

„Ein guter Zauberer verrät niemals seine Geheimnisse." Falcon stand auf und verbeugte sich vor seinem Publikum. Annie und ihre Freunde applaudierten begeistert.

Als Falcon zu dem auf der Bank sitzenden Bill zurückkehrte, applaudierte dieser auch. „Bravo! Nicht schlecht für einen Amateurzauberer, Falcon. Ich kenne den alten Trick mit der Münze im Ohr, doch ich muss zugeben, dass mir nicht klar ist, wie Sie das mit dem Sand gemacht haben."

„Es geht immer um die Wahrnehmung."

„Ich spüre schon, dass ich gleich wieder etwas sehr Tiefgründiges lernen werde", versuchte Bill seinen neuen Freund aufzuziehen.

„Bill, eigentlich ist es gar nichts Tiefgehendes. Ich wollte Sie nur daran erinnern, dass es häufig einen großen Unterschied gibt zwischen den Tatsachen, die Sie über Ihre Firma und Ihre Produkte kennen und glauben und der Wahrheit Ihres Publikums bzw. dessen Wahrnehmung."

„Wie bei Ihrem Zaubertrick."

„Genau. Sehen Sie, die *Wahrheit* ist, dass die Kinder gesehen haben, wie der Sand in meine Faust rieselte. Die Wahrheit wird geglaubt. Die Tatsache ist, dass der Sand gar nicht in meine Hand gelangt ist. Aber was die Kinder glauben – ihre

Die subjektive Realität hat
ihre eigenen Spielregeln.
Was zählt, ist die
Wirklichkeit des Kunden.
SEINE WAHRHEIT
DAS DÜRFEN WIR NIEMALS VERGESSEN

Wahrheit – ist weit wichtiger als die Tatsachen. In ihrer Wahrnehmung kann ich den Sand verschwinden lassen. Das glauben sie und deswegen ist es so.“

„Ich habe es auch geglaubt“, gab Bill lächelnd zu.

„Mögen Sie Zauberei?“

„Ja, sie gefällt mir.“

„Strecken Sie Ihre Hand aus.“

Falcon ergriff das Handgelenk, drehte die Handfläche nach oben und ließ aus seiner scheinbar leeren Faust Sand auf Bills Hand rieseln.

„Okay, jetzt habe ich tiefen Respekt. Dieser Sand sieht wirklich sehr real aus.“

„Hören Sie, Bill, wir beide wissen, dass hinter jeder Zauberei immer irgendein Trick steckt. Auch wenn es uns Spaß macht, herausfinden zu wollen, wie ein Zauberer den Elefanten verschwinden oder den Sand aus dem Nichts erscheinen lässt, so freuen wir uns doch, wenn wir es nicht herausbekommen, wenn wir an den Zauber glauben können und ein paar Minuten oder eine Stunde oder wie lang auch immer völlig fasziniert sind. Das beste Marketing oder der beste Verkauf ist wie eine Bühnenvorstellung, in der das Publikum völlig aufgeht. Es spürt den Nutzen, anstatt ihn überdeutlich aufgedrückt zu bekommen.“

„Ganz klar, Marketing darf nie langweilig sein.“

„Dazu gehört noch viel mehr, Bill. Da gibt es diese Geschichte über zwei miteinander konkurrierende Süßwarengeschäfte. Beide Läden waren absolut miteinander vergleichbar – sie hatten dasselbe Angebot, dieselben Preise, dieselbe Qualität – doch die Kinder aus der Umgegend gingen in eines der beiden Geschäfte lieber.“

„Der Unterschied lag sicher im Umgang mit den Kunden, hm?“, warf Bill ein.

Falcon lächelte. „Nun ... in gewissem Maße, ja. Aber nicht so, wie Sie jetzt wahrscheinlich denken. Beide Ladenbesitzer waren äußerst freundlich und kundenorientiert. Es ging um den Unterschied zwischen *Wahrheit* und *Tatsache*. Als man die Kinder fragte, warum sie lieber in das eine Geschäft gingen, da sagten sie: 'Weil die Frau in dem 'guten' Laden uns immer ein paar Bonbons mehr gibt und die Frau in dem 'schlechten' Laden nimmt immer welche weg.'

Bill sah Falcon verwirrt an. „Moment mal, Falcon. Sie sagten doch, dass alles in beiden Geschäften genau gleich war. Sie haben nicht erwähnt, dass es in dem einen jedes Mal noch ein paar Bonbons extra gab."

Falcon lachte. „Die *Tatsache* ist, Bill, dass die Frau in dem 'guten' Laden *keine* Extra-Bonbons verschenkte. Sie legte eine kleine Menge Bonbons auf die Waage und tat dann nach und nach immer mehr dazu. Die Frau in dem 'schlechten' Laden andererseits häufte die Bonbons auf die Waage und nahm dann wieder welche weg, bis sie das korrekte Gewicht hatte. Die Tatsache – dass sie in beiden Geschäften genau dieselbe Menge an Bonbons erhielten – interessierte die Kinder nicht. Alles was zählte, war ihre Wahrheit. Die Lektion ist hier also folgende, Bill ..."

„Ich muss sicherstellen, dass ich meinen Kunden immer noch etwas *Zusätzliches* biete?"

Falcon lächelte. „Das auch. Doch in dieser Lektion geht es insbesondere darum, dass der Schlüssel zum erfolgreichen Marketing darin besteht, die *Wahrheit* Ihres Kunden zu erkennen. Was immer er auch fühlt – es ist wahr. Wenn Sie seine ganz persönlichen emotionalen Bedürfnisse entdecken, freilegen und befriedigen, dann sind Sie in seiner subjektiven Realität genau das Unternehmen, der Verkäufer oder der Lieferant, mit dem er Geschäfte machen will."

„Das will ich festhalten", meinte Bill und holte seinen vertrauten Stift hervor.

Falcon hielt inne. „Darf ich Sie einmal schockieren?"

NR. 1

VERGESSEN SIE *die* GOLDENE *REGEL!*

„Sicher“, antwortete Bill mit schreibbereitem Stift.

„Kennen Sie die goldene Regel? Behandele andere so ...“

„... wie du selbst behandelt werden möchtest. Selbstverständlich. Wie könnte ich sie vergessen?“

„Bill, ich möchte, dass Sie während Gesprächen mit Ihren Kunden sich niemals wieder an die goldene Regel halten.“

„Wie bitte?!"

„Ich meine das im Ernst. Woher wollen Sie wissen, ob das, was Sie wollen oder ob die Art, wie Sie behandelt werden möchten, auch auf Ihre Kunden zutrifft? Sie müssen sie stattdessen so behandeln, wie *diese* gern behandelt werden möchten. Geben Sie ihnen ganz genau, was sie wollen und zwar wann, wo und wie sie es wünschen. Bieten Sie Ihren Kunden genau den Service, den *diese* sich wünschen. Emotionen und Gefühle werden sich als immaterieller Gewinn einstellen."

„Schon verstanden."

„Und als wir davon sprachen, dass jede Kommunikation von Bedeutung ist, so gilt das auch hier. Auf welche Weise sich die Kommunikation auch abspielt – persönlich, telefonisch, schriftlich als Mail, Fax oder Brief – es ist Ihre Aufgabe, positive Gefühle zu erzeugen. Darin besteht die Essenz einer jeden Beziehung."

„Es geht also nicht einfach nur um die ganzen Marktanalysen, die ich bezahlt habe. Es ist sehr viel weitreichender."

„Ganz genau, Bill. Wir bestehen aus mehr als nur aus Statistiken und Analysen, wir bestehen sowohl aus dem Herzen als auch aus dem Verstand. Das Herz kommt übrigens immer zuerst und erst dann folgt der Verstand. Wir Menschen entscheiden nach Gefühlskriterien: Ist das relevant? Passt das zu mir? Kann ich dem anderen vertrauen? Danach und zwar ausschließlich danach, kommt das Rationale zum Zuge – die Eigenschaften, die Konditionen, der Preis."

„Ich weiß, was Sie meinen. Erst nachdem wir mit unserem Herzen entschieden haben – was wir wollen – wo und von wem wir kaufen wollen – erst dann gebrauchen wir unseren Verstand, um die Zahlen festzulegen."

„Und an dem Punkt, wo Herz und Verstand aufeinander treffen, da wird gekauft."

Die beiden Männer dachten über ihr Gespräch nach, während Annie langsam auf Falcon zuging, dicht gefolgt von Jessica und Mike. Alle drei trugen ein verräterisches Grinsen im Gesicht.

„Hab' dich lieb!“ Sie gab Falcon einen Kuss auf die Wange.

„Hab' dich auch lieb, süße Maus.“

„Gekriegt!“, rief sie und berührte seinen Arm. „Du bist es!“

Eine Staubwolke aufwirbelnd liefen die drei Kinder lachend in verschiedene Richtungen davon. Falcon erhob sich und machte sich daran, Annie nachzulaufen.

„Auf geht's, Bill, helfen Sie mir!“

Bill lächelte und blickte auf seine eleganten Business-Schuhe.

„Oh Mann,“ ließ er verlauten, „schon wieder ein Abenteuer.“ Sogleich rannte er Falcon und Annie nach. Ihr langes schwarzes Haar wehte ihr nach und durch den Park schallten Schreie der Verzückung.

Bills Notizblock

* Die Wahrheit liegt in der Wahrnehmung.

* Marketing und Verkauf sollten nicht zu offensichtlich sein. Die Kunden sollen sich in unserer eigenen Art von Magie verlieren.

* Die subjektive Realität hat ihre eigenen Spielregeln. Die Realität des Kunden – seine Wahrheit – ist das, was zählt. Das dürfen wir nicht vergessen.

* Wir sollten sicherstellen, dass wir unseren Kunden immer noch etwas Zusätzliches bieten.

* Wir sollten nicht die goldene Regel befolgen, sondern stattdessen danach trachten, unsere Kunden zu verstehen und ihnen dann das zu geben, was sie wollen. Und zwar genau das, was jeder einzelne Kunde ganz persönlich will!

KAPITEL 6

Durch Fehler über Fehler entdecken wir die Wahrheit.

~ *Sigmund Freud*

Bill kam zu dem Schluss, dass er durch seine Business-Schuhe schwer im Nachteil war. Die drei Kinder versteckten sich pfeilschnell hinter Bäumen und krochen auf dem Bauch unter Büschen hindurch. Falcon hatte keine Bedenken, es ihnen gleich zu tun. Die Knie seines Overalls waren bereits mit Grasflecken übersät.

Nicht mit diesem Anzug, dachte Bill bei sich, als er versuchte, dem Griff der kleinen Jessica auszuweichen. So sehr er sich auch anstrengte und obwohl er auf dem College ein recht guter Langstreckenläufer gewesen war, fand er sich die meiste Zeit in der gefürchteten Rolle des Fängers wieder.

Bill beugte sich vornüber, um wieder zu Atem zu kommen. Falcon kam bis auf einen Meter an ihn heran, während die Kinder sich verstreuten.

„Also Bill, mir ist schon bewusst, dass wir heute schon viel Weg zurückgelegt haben – das sollte keine Anspielung sein – doch näher werde ich nicht an Sie herankommen. Und von Ihnen fangen lasse ich mich auch nicht“, feixte Falcon.

Bill holte tief Luft. „Das kapiere ich nicht ... früher konnte ich um jeden einen Kreis laufen.“

„Einen Kreis, Bill, oder doch lieber geradeaus? Sehen Sie, dieses Spiel hat viel mit dem heutigen Marktgeschehen zu tun.“

„Wollen Sie mir etwa sagen, dass Sie auch aus dem Fangen-Spiel noch eine Lektion machen wollen, Falcon?“

„Die größte. Der Wettbewerb ist weltweit – es gibt keine Grenzen mehr – und er ist blitzschnell. Die Technologien verändern sich in Lichtgeschwindigkeit, das verfügbare Wissen wächst exponentiell. Auf einmal verfügen wir über zu *viele* Informationen. Was sagt Ihnen das alles?“

„Dass ich Fangen lieber nicht in Anzugschuhen spielen sollte“, scherzte Bill und blickte auf seine ehemals sauberen Schuhe herab.

„Das stimmt. Business-Schuhe ... sind eine Metapher für ernsthafte Geschäfte. Aber heutzutage erfordert das Geschäftsleben schnelle Reflexe, so wie Laufschuhe, wenn Sie so wollen. Schauen Sie her“, Falcon hob ein Bein in die Höhe, „ich habe mir ein Paar 'ernsthafte Sportschuhe' besorgt. Damit bin viel agiler und flexibler, schnell zu Fuß. Und, Bill?“

„Jaa?“

„Sie sind es noch immer!“ Lachend sprang Falcon über die Wiese davon.

Bill hielt einen Moment inne. *Ich brauche doch eigentlich nur einmal scharf nachzudenke*n, sagte er zu sich selbst. Wer *läuft am langsamsten*? Er schaute genau hin, wie die Kinder hin- und hersprinteten. Er kam zu dem Schluss, dass die beiden Mädchen sehr leichtfüßig wirkten, doch Mike war etwas langsamer und schien sich schneller zu verausgaben. Bill rannte auf ihn zu.

„Okay, Kumpel, dich kriege ich“, lachte Bill, als er Mike immer näher kam. Mike jauchzte und schrie gleichzeitig.

„Niemals! Niemals!“, rief er über die Schulter. Gerade als Bill nur noch wenige Zentimeter fehlten, machte Mike eine scharfe Rechtswendung, sprang über eine Pfütze und entkam. Dann gesellte er sich zu Annie.

„Ha! Ich bin dir entwischt!“, rief Mike gellend.

Falcon näherte sich Bill wieder bis auf ein paar Schritte.

„Erinnern Sie sich an den Weg zum Erfolg, Bill? Das Ding mit der Wahrheit des Kunden?“

„Ach ja“, Bill beugte sich vor, um wieder zu Atem zu kommen. Er spürte ein Ziehen im rechten Knie.

„Nun, die ändert auch abrupt die Richtung, genauso wie Mike. Im Handumdrehen und ohne Vorwarnung kann ein Kunde etwas völlig anderes verlangen – sich in eine völlig neue Richtung bewegen. Das einzige, was wir tun können, ist das vorauszuahnen und wenn uns das nicht gelingt, dann sollten wir reagieren und zwar augenblicklich. Sonst stecken wir in einer Schlammpfütze fest, während unsere Mitbewerber den Kunden einfangen. Dann gilt die Loyalität des Kunden unseren Mitbewerbern und wir sind nur noch Mitläufer."

Bill war noch immer vornübergebeugt, die Hände auf die Knie gestützt. „Vielleicht gibt es hier eine Lektion zu lernen, vielleicht bin ich aber auch fürs Fangenspiel einfach zu alt."

„Nonsens. Sie denken einfach zu viel. Warum haben Sie Mike verfolgt?"

„Er bleibt häufiger als die Mädchen stehen, um wieder Luft zu holen."

„Guter Versuch. Doch denken Sie daran, dass es auch gefährlich sein kann, nur eine einzige Richtung auszuwählen. Möglicherweise haben Sie etwas angenommen, das nicht stimmt. Vielleicht war es der verkehrte Plan."

„Ganz augenscheinlich. Ich bin hier und er ist ganz da drüben. Das ist meine Wahrheit."

„Nun, Winston Churchill hat einmal gesagt: 'Jeder Mensch stolpert im Laufe seines Lebens irgendwann über die Wahrheit, doch die meisten stehen auf, gehen um sie herum und verfolgen weiter ihren Weg.' Hier in unserer Spielwiese steckt eine Wahrheit, Bill, aber Sie wollen sie nicht wahrhaben. Beim Fangen wie im Geschäftsleben muss man bereit sein, sich auf ein wenig Chaos einzulassen."

„Chaos?"

„Nach Abkürzungen suchen, Gelegenheiten ergreifen, sich Grasflecke auf den Knien holen. Diese Wahrheit missfällt Ihnen nur wegen Ihres Anzugs und Ihrer vernünftigen Schuhe. Die Wahrheit ist, dass man Risiken eingehen muss, Bill. Hören Sie ... wird in Ihrem Unternehmen häufig mit dem Finger auf die Schuldigen gezeigt?"

„Ist das nicht in jeder Firma so? Wenn nicht das Marketing Schuld hat, dann die Produktion; oder der Verkaufsleiter, oder der Kundenberater, oder der Brötchenverkäufer am Morgen. Immer hat ein anderer die Schuld."

„Das trifft doch nicht auf alle Firmen zu, Bill, oder?"

„Nein, nicht auf die Unternehmen, die alle ihre Vorgaben erreichen."

„Das stimmt nicht, auch da zeigt man mit dem Finger auf den Schuldigen. Und wenn nicht, dann klopfen sie sich selbst auf die Schulter und rufen: 'Das war ich! Das habe ich ganz allein geschafft!'"

„So sind halt die Menschen."

„Nein, ich weigere mich, das zu glauben. Ich nenne das die Stillstands-Krankheit."

„Hm?" Bill hatte sich aufgerichtet und wischte sich den Schweiß von den Augenbrauen.

„Diese Art von Problemen findet man normalerweise nicht in einem unternehmerisch geführten Unternehmen. Warum nicht?"

„Die sind vollauf damit beschäftigt, den Unternehmensstart hinzukriegen."

„Das ist nur ein kleiner Teil der Antwort. Nein ... unternehmerisch geführte Unternehmen leben von der Innovation, von Veränderungen. Der Firmenchef lässt sich völlig vom Markt antreiben. Es kümmert ihn überhaupt nicht, wer schon wie lange zum Unternehmen gehört, ob das schon immer so gemacht wurde oder ob er sich lächerlich machen könnte ... Der Unternehmensführer konzentriert sich ausschließlich auf seine Kunden und darauf, alles Menschenmögliche zu tun, um die Kunden zu umwerben, zu gewinnen und sie an sich zu binden, ganz egal, auf wie viele Zehen er dabei tritt oder wie viel Unbehagen er damit auslöst."

„Super. Aber wir sind kein Start-Up-Unternehmen mehr. Wir haben Hunderte von Angestellten und müssen uns um ein sehr komplexes Geschäft kümmern."

EFFEKTIVE
Führungskräfte
kümmern sich nicht
um den Status Quo.

Das Geschäftsleben
ist CHAOTISCH
und immer ein wenig
AUSSER
KONTROLLE.

„Von Start-Up habe ich nichts gesagt, ich sagte nur 'unternehmerisch geführt'. Die besten großen und komplexen Firmen werden unternehmerisch geführt. Die haben alle sehr ausgefeilte Pläne, doch sie bleiben stets flexibel. Sie verändern sich, sie probieren Dinge aus, die sie dann überprüfen. Der Schlüssel für die Führungskraft – das heißt, für Sie, Bill – liegt darin, eine Umgebung zu schaffen, die Innovationen belohnt; die auch Fehlschläge gutheißt, anstatt sie nur zu tolerieren. Ihre Mitarbeiter sollen ruhig sehen, dass auch der Chef Fehler macht. Auch sie müssen sich beim Fehlermachen in Sicherheit fühlen."

„Das macht sehr viel Sinn, Falcon. Aber nur solange sie nicht denselben Fehler zweimal machen, richtig?"

„Falsch, Bill. Wir sprechen hier über eine komplexe und sich in rasantem Wandel befindliche Umwelt. Die Menschen werden immer wieder dieselben Fehler machen, bis sie die neuen Abläufe im Geschäftsleben beherrschen und sich vor allen Dingen auch damit wohl fühlen. Wenn Sie Fehler ablehnen oder sie bestrafen, dann lehnen Sie auch die Experimentierfreude, das Lernen und die Veränderung ab. Doch das sind genau dic Dingc, dic Ihr Geschäft am Laufen halten."

„He, ihr zwei!", rief Annie über die Wiese. „Schluss mit Reden und fangt an zu laufen!"

„Bill, denken Sie daran, Risiken einzugehen", ermahnte Falcon lächelnd und sprintete los.

Bill machte sich daran, die vier zu verfolgen. Seine Füße schmerzten und sein altes Fußballerknie erinnerte ihn daran, dass er einmal während eines Spiels hart angegangen worden war.

„He Kinder, wollen wir nicht was Leichteres spielen? Habt ihr nicht genug vom Fangen?"

„Nein! Nein!", schrien die Kinder unisono zurück.

„He Bill“, rief Falcon durch den Trichter seiner Hände, „Kundeninnovationen verlangen einen Zickzicklauf, genau wie das Fangen. Sie müssen dafür sorgen, dass etwas geschieht, anstatt nur darauf zu warten.

Sie müssen ständig besser werden, wachsen und sich weiterentwickeln. Vergessen Sie das alte Spiel der 'hohen Marktzugangshürden'. Heutzutage hält niemand mehr still. Ist das anstrengend?“

„Ja!“, rief Bill zurück.

„Wenn Sie die Loyalität Ihrer Kunden durch Innovationen halten möchten, müssen Sie clever sein ... und schneller.“

Jessica kam in Zeitlupenschritten auf Bill zu, wie um ihn zu foppen. Er tat so, als ob er sie nicht bemerkte, täuschte eine Wendung nach links vor, dann eine nach rechts, dann wieder nach links und versuchte, sie zu fangen. Leider spielte sein Knie nicht mit und er krachte auf die Erde.

„Bill? Sind Sie okay?“, fragte Falcon und trottete herbei.

„Sind Sie okay, Mr. West?“, erkundigte sich Annie, als sie sich mit den beiden anderen Kindern dem gefallenen Geschäftsmann näherte.

„Nur mein Ego hat eine Schramme.“

„Wir sollten vielleicht damit aufhören, Kinder“, schlug Falcon vor.

„Ja, sicher, Mr. West, wir können aufhören.“

Bill schaute zu den vier Gesichtern hoch, die ihn nun umgaben. Er wurde todernst und knurrte: „Nie im Leben!!“ Plötzlich sprang er auf die Beine und zwinkerte. Mit einem breiten Grinsen erklärte er: „Jetzt kenne ich keine Gnade mehr!“

Die Kinder liefen los, doch Falcon blieb stehen. „Sind Sie sicher, dass alles in Ordnung ist?“

„Als ich mir den Schmutz aus dem Gesicht wischte, wurde es mir auf einmal klar: Falcon, ich muss spielen, um zu gewinnen. Ich darf mir über meinen An-

KAPITEL 6

SPIELE UM ZU GEWINNEN!

zug oder meine Business-Schuhe keine Gedanken machen. Genauso wenn ich meine Firma wieder nach vorne bringen will, darf ich keinen Gedanken daran verschwenden, ob ich ein makelloses Spiel abliefere.

Ich muss stattdessen ständig die Lage neu beurteilen und mich rasch verändern, ich muss Fehler begehen und einfach weiter machen. Mich bewegen, Punkt!“

„George Wald hat einmal gesagt: 'Wir sind viel eher das Ergebnis des Umgestaltens als des Neuerschaffens.'“

„Nun, dann passen Sie gut auf. Bill West ist wieder im Spiel!“

Falcon lief quer über die Wiese davon, während Bill das Landschaftsbild beurteilte. Ein großes Dickicht aus Oleanderbüschen versperrte Jessica und Annie den Blick auf ihn. Er bewegte sich im Laufschritt auf die Büsche zu. Dahinter hörte er die Mädchen kichern. *Sie glauben sicher, dass ich drumherum gehe*, dachte sich Bill. Mit einem einzigen, perfekt ausgeführten Sprung tauchte er unter den Büschen hindurch. Er fühlte die kratzenden Zweige und spürte, wie die Erde an den Knien durch den Anzugstoff drang, doch er erreichte sein Ziel. Mit der linken Hand ergriff er Annies rechten Schuh.

„Du bist es!“, rief er und steckte den Kopf aus den Zweigen.

„Huch!“, quietschte sie auf und machte sich an die Verfolgung von Jessica.

Das Spiel ging noch eine halbe Stunde weiter, während alle wild auf der Wiese umherrannten. Bill konnte sich nicht erinnern, jemals so sehr geschwitzt und so viel gelacht zu haben.

„Hallo Kinder“, rief Falcon, „wollt ihr nicht uns zwei alten Männern eine Pause gönnen? Gehen wir doch alle zu dem alten Eichenbaum rüber und erzählen uns ein paar Geschichten.“

„Au ja!“, begeisterten sich die Kinder.

Bill beugte sich mit schweißtropfender Stirn und schwer atmend nach vorn.

„Falcon hat gesagt: 'Spiele um zu gewinnen' und 'Hab keine Angst vor ein bisschen Chaos'". Er sah an sich hinunter: „Man wird mich umbringen, wenn ich diesen Anzug zur Reinigung bringe."

„Okay, vielleicht haben wir diese Lektion ein wenig zu wörtlich genommen", meinte Falcon lächelnd, „aber im Geschäftsleben geht es darum, seinen Instinkten zu vertrauen. Regeln, ich liebe sie und ich hasse sie. Ich weiß nicht, ob eine Regel es verbietet, unter einem Busch durchzutauchen, um einen Mitspieler zu kriegen, doch wenn es so eine Regel gibt, dann musste sie hier gebrochen werden. Das war übrigens fabelhaft gespielt."

„Vielen Dank, Coach." Bill strich sich mit den Fingern durch seine schweißnassen Haare.

„Wenn Sie Ihre Vision für Ihr Geschäft klar vor Augen haben, Bill, dann wissen Sie auch, wann Sie die Regeln brechen müssen. Dann sagen Sie allen: 'Vergesst den Status Quo und lasst uns voranstürmen!'. Vertrauen Sie auf Ihr Bauchgefühl, auf Ihre Instinkte. Es existiert ein großer Unterschied zwischen dem Einhalten von Regeln und der Achtung von Werten. Machen Sie also immer weiter, seien Sie kreativ und passen Sie sich an. Lehrbücher enthalten Informationen, doch derlei Dinge können sie uns nicht beibringen. Wissen Sie noch, was ich sagte, als wir uns heute kennengelernt haben? Es geht nur um Ihre Erfahrung, nicht um das, was ich Ihnen sage, sondern um das, was Sie fühlen."

„Ich fühle mich total erledigt."

„Beim Fangen spielen ist kein Platz für Selbstgefälligkeit. Man kann sich nicht mitten in der Wiese flach hinlegen und darauf hoffen, dass eines der Kinder vorbeilaufen wird, damit man es fassen kann."

„Das ist mir wohl klar. Ich hoffe doch stark, dass ich mit so etwas nichts zu tun hatte. Hier ging es ums nackte Überleben."

„Und darum, flinke Füße zu haben."

„Und die Anzugschuhe zu vergessen."

„Und Trainingsschuhe anzuziehen."

„Ich muss da auf der Wiese wie ein Idiot ausgesehen haben."

„Bill, wir wachsen nicht, wenn wir alle Antworten haben, wir wachsen, indem wir die Fragen durchleben. Sie müssen ständig auf der Suche sein. Und wenn wir mit unseren Kunden auf einer Wellenlänge bleiben wollen – und ihrer Führung folgen, so wie wir diesen Kindern gefolgt sind – dann bedeutet dies auch ein gelegentliches Schlammbad."

Bill brach auf einmal in ein dröhnendes Gelächter aus. „Seht euch dieses Hemd an! Als ich heute morgen das Haus verließ, war es noch weiß."

„Heute hat sich etwas in Ihnen verändert, Bill."

„Ich kann die alte Leidenschaft wieder spüren, Falcon. Es verändert sich wirklich etwas."

„Veränderung ist das Schlüsselwort, Bill. Folgen Sie den Worten Mahatma Gandhis und seien Sie die Veränderung, die Sie in anderen sehen wollen."

Die beiden Männer erreichten die Eiche, unter der sich bereits die drei Kinder mit vom Spiel immer noch glühenden Wangen auf dem Rücken ausgestreckt hatten.

„Zeit für Geschichten, Kinder", kündigte Falcon an und setzte sich zu ihnen auf die Erde.

Bill zuckte mit den Schultern und meinte: „Der Anzug ist sowieso ruiniert" und ließ sich neben den anderen auf dem schmutzigen Boden nieder.

Bills Notizblock

* Das Geschäftsleben ist chaotisch und immer ein wenig außer Kontrolle.
* Wir dürfen versagen, sogar häufig. Aber wir sollten aus dem Versagen unseren Weg in die Zukunft gestalten und dabei stets weiter lernen.
* Ich muss Fehlschläge gutheißen, anstatt sie einfach nur zu tolerieren.
* Spiele um zu gewinnen!
* Wir müssen bereit sein, die Richtung zu ändern und so im Zickzack zu laufen, wie es unsere Kunden von uns verlangen.
* Erfolgreiche Führungskräfte machen sich keine Gedanken um den Status Quo.
* Die Entdeckung der Wahrheit ist eine endlose Reise.

KAPITEL 7

Wenn du den Menschen eine Tatsache oder eine Idee vermittelst, so erhellst du ihren Geist; wenn du ihnen eine Geschichte erzählst, berührst du ihre Seele.

~ Chassidisches Sprichwort

Mike, Jessica und Annie, immer noch mit roten Backen und leicht außer Atem, setzten sich im Halbkreis um Falcon und Bill. Sie saßen im Schatten der enormen Eiche und Annie klaubte Eicheln auf und legte sich vor sich hin.

„Kinder, seid ihr bereit?“, fragte Falcon, mit überkreuzten Beinen, die Hände auf die Knie gelegt. Die drei Kinder riefen fröhlich: „Geschichtenzeit! Geschichtenzeit!“

„Okay“, zwinkerte Falcon Bill zu.

Bill lächelte: „Endlich einmal eine Pause von den ganzen Lektionen.“

„Was meinen Sie mit 'Pause'?“, erkundigte sich Falcon.

„Was meinen Sie, was ich meine? Was hat das Geschichtenerzählen mit der Unternehmenswelt Amerikas zu tun? Was mit meinen Verkaufszahlen, die sich im freien Fall befinden?“

„Bill“, rügte Falcon, „all das Schwitzen und die Grasflecken, das Eis und die Vögel und Ihnen ist da immer noch gar nichts klar geworden? Lao-Tse hat das bereits vor vielen Jahren geschrieben ... weise Menschen hören und sehen so wie die kleinen Kinder. Wenn Sie sie bewusst wahrnehmen, steckt in jeder Erfahrung etwas Wertvolles. Das müssen Sie unbedingt verstehen, Bill. Wenn wir uns heute voneinander verabschieden, werde ich nicht mehr da sein, um Ihre Gedanken in neue Dimensionen zu lenken. Es wird dann Ihre Aufgabe sein, in Ihrem Geist Verbindungen herzustellen, wo zuvor noch keine waren.“

„Ich verstehe“, gab Bill zurück. Währenddessen waren Annie und ihre Freunde weiter damit beschäftigt, Eicheln aufzuhäufen.

„Verstehen Sie das wirklich, Bill? Das hier ist nicht eine von diesen populären Management-Theorien, es ist eine Lebensphilosophie. Das für Ihren Erfolg notwendige Wissen kann allein den unterschiedlichen Perspektiven entwachsen, die Sie einnehmen, den Perspektiven, die Sie außerhalb Ihrer Firma gewinnen, außerhalb Ihrer Komfortzone."

„Okay, das habe ich begriffen. Ich habe das mit Annies Vogel verstanden und auch das Zickzacklaufen beim Fangen spielen. Aber was hat das Geschichtenerzählen damit zu tun?"

Falcon wandte sich den Kindern zu und versicherte ihnen, dass er sich nur noch eine oder zwei zusätzliche Minuten mit Bill unterhalten würde. „Bill, im heutigen Marktgeschehen, das mit Auswahlmöglichkeiten übersättigt ist und von Informationen überflutet wird, müssen Sie für irgendetwas bekannt sein. Oder um es im Geschäftsjargon auszudrücken – Sie brauchen eine starke Marke. Das ist eine Notwendigkeit. Und nun raten Sie mal, Bill, was eine großartige Marke ausmacht." Falcon zog die Augenbrauen hoch.

„In Ordnung, Falcon. Ich kann das jetzt schon auf eine Meile riechen. Das Geschichtenerzählen?", gab Bill zur Antwort und strahlte Falcon an.

„Eine sehr gute Schlussfolgerung. Sehen Sie Bill, eine großartige Marke besteht aus einer Geschichte. Es geht nicht darum, Eigenschaften und Vorteile herunterzurattern. Es geht um Bedeutung und Gefühle -"

„Denn wir sind alle im Gefühlsgeschäft!", lachte Bill.

„Bill, Sie lernen ja unglaublich schnell. Ja ... im Gefühlsgeschäft. Doch wie stellen wir die Verbindung zu den Gefühlen unserer Kunden und Mitarbeiter her? Durch Geschichten, durch Geschichten, die sie bewegen. Durch Geschichten, die Zugang zu ihren Herzen und zu ihren Hoffnungen finden. Wie ich schon beim Fangenspiel sagte, die Geschwindigkeit des Wandels und die rasanten technologischen Fortschritte haben die traditionellen strategischen Vorteile fast völlig eliminiert. Sie wissen schon, diese Hürden für den Marktzugang, die Sie in der

Business School kennengelernt haben, so wie Größenvorteile oder die Kontrolle über die Vertriebskanäle. Es gibt keine festen Spielregeln mehr, Bill. Ihre einzigen übriggebliebenen strategischen Vorteile bestehen in einer starken Marke und einer engen Beziehung zu Ihren Kunden und Angestellten. Klar?"

„Klar!"

„Schön. Und jetzt sollten wir den Kindern lieber ein paar Geschichten erzählen, bevor sie hier den Eichhörnchen die ganzen Eicheln stibitzt haben!"

Falcon wandte sich den Kindern zu, die sogleich das Eichelnsammeln aufgaben und mit voller Vorfreude weit aufgerissenen Augen dasaßen. „Wer von euch will Bill und mir heute eine Geschichte erzählen?"

Mike wedelte sofort wild mit dem Arm in der Luft. Falcon tat so, als ob er Mikes Aufregung nicht mitbekam.

„Wie bitte? Keiner hat heute eine Geschichte? Das ist doch nicht zu glauben! Ihr Kinder kennt doch immer Geschichten! Doch vielleicht ist das ja heute einer von diesen Tagen -"

Mike konnte es nicht länger aushalten. „Ich hab' eine! Mr. Falcon, ich hab' eine!"

„Oh, Mike? Mike hat eine Geschichte. Ich habe seine Hand gar nicht gesehen."

Die Kinder kicherten alle. „Die Geschichte, bitte", verlangte Annie. Es war offensichtlich, wie sehr die Kinder dieses Ritual mochten.

„Also ... ich war heute morgen total nervös, als ich zur Schule ging. Heute ... gab es ...", Mike flüsterte nur noch, „Zeugnisse."

„Und?", fragte Bill.

„Und heute nacht hab' ich von drei Monstern geträumt, die mich holen wollten. Das waren nicht irgendwelche Monster, das waren riesige scheußliche Monster mit einem Raubtiermaul und grünen Zähnen. Und großen Augen, die im Dunkeln leuchten. Und heute morgen hab' ich sie unter meinem Bett gesucht, aber da waren sie nicht. Da war mir klar, dass sie in der Schule auf mich warten. Ich hab' sie hinter jedem Baum gesehen und in der Cafeteria. Die Monster waren überall, bis ich mein Zeugnis bekommen hab'. Und dann ... als ich mein Zeugnis angesehen habe -"

„Ja?", warf Jessica erwartungsvoll ein.

„Da sind sie verschwunden. Wusch." Mike blickte himmelwärts und hob die Arme zum Jubel hoch. „Ich hab' nämlich drei Einsen und zwei Zweien bekommen."

Falcon schlug mit der Hand auf sein Knie. „Das ist ja eine Super-Neuigkeit, Mike, ganz toll! Du kannst sehr stolz auf dich sein. Da hast du dich seit letztem Jahr ja sehr verbessert."

Mike nickte und zeigte ein breites Grinsen. „Ich hab' Gehirn in jedem Winkel von meinem Kopf."

„Aber sicher, Mike. Glückwunsch", sagte Bill, während die beiden Mädchen Mike abklatschten.

Als sich alle wieder hingesetzt hatten, erhob Falcon das Wort. „Sag' mal, Mike, was meinst du, was war dieses Jahr anders?"

„Mr. Falcon, Sie sagen doch immer, dass wir an uns glauben sollen, stimmt's?"

Falcon nickte.

„Also, dieses Jahr ist mir das schon viel leichter gefallen. Mit der neuen Lehrerin mag ich mich selber viel mehr."

„Du hast eine neue Lehrerin?", erkundigte sich Bill.

„Sicher", warf Falcon ein. „Die Lehrkraft ist der Unternehmenschef des Klassenzimmers. Er oder sie hat die Macht, in den Kindern den Glauben zu erwecken, dass sie es schaffen können, dass es für sie erreichbar ist. Das ist das

Monstergegengift."

„Ich könnte gerade selbst solch ein Monstergegengift gebrauchen."

„Dieses Monstergegengift steht zu Ihrer Verfügung, Bill. Sie brauchen lediglich gegenseitigen Respekt mit umfangreicher offener Kommunikation zu verbinden, ergänzt von einer gesunden Dosis Mut machender Mitarbeiterführung. Ich nenne das spirituelle Förderung. Wir sollten den Geist eines Kindes – oder einen kindlichen Geist - nicht zerdrücken, wir sollten ihn fördern."

„Wird das jetzt nicht ein bisschen zu sentimental?"

„Überhaupt nicht. Wir sind doch im -"

Bill konnte sich das Lachen nicht verkneifen: „Gefühlsgeschäft. Okay. Ich glaube, das habe ich kapiert."

„Wirklich, Bill? Gefühle ... wie kann man es noch ausdrücken? Wir kommen immer wieder darauf zurück. In der Geschäftswelt sind uns Gefühle möglicherweise ein wenig unangenehm. Wie wäre es mit Leidenschaft? Sehen Sie, Bill, nur unsere Leidenschaften – und leidenschaftliche Menschen – vermögen es, andere zu inspirieren und zu überzeugen. Und wie kommunizieren Sie mit anderen, wenn Sie leidenschaftlich sind? Sie erzählen

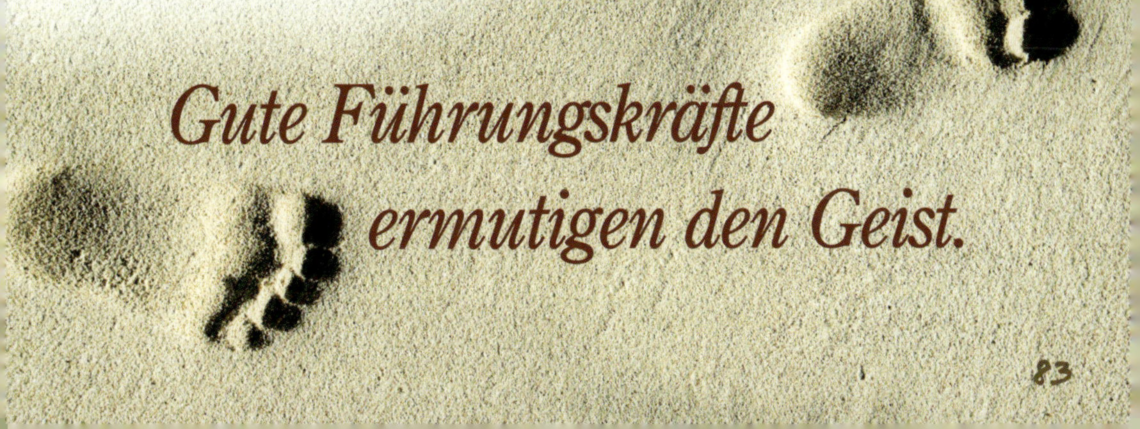

Gute Führungskräfte ermutigen den Geist.

Es geht um Gefühle.
Geschichten erzeugen
Nähe **und stellen**
Beziehungen **her.**

eine Geschichte, eine persönliche Anekdote. Sie wedeln mit den Armen so wie Mike gerade eben."

„Es kommt aus dem Herzen."

„Immer aus dem Herzen. Jetzt versuchen Sie's mal, erzählen Sie den Kindern eine Geschichte."

„Ich bin nicht besonders gut in solchen Sachen."

„Klar sind Sie gut. Es ist viel leichter, als Sie denken."

„BITTEEE!!!", forderte ihn ein Stimmenchor auf.

Bill seufzte. *Erst Fangen und jetzt Märchen. Ich weiß nicht recht, was das soll.* „Okay, los geht 's." Er blickte in die zu ihm gewandten Gesichter und dann auf den Boden. Plötzlich kam ihm eine Geschichte aus seiner Kindheit in den Sinn.

„Gib mir diese Eichel, Annie." Sie gehorchte und überreichte ihm die kleinste Eichel ihrer Sammlung.

„Seht ihr diese Eichel?"

Die Kinder nickten.

„Der Name dieser Eichel ist Angie. Angie ist die kleinste Eichel im ganzen Park. Sie ist tatsächlich so klein, dass sie vielleicht sogar die kleinste Eichel ist, die es je gegeben hat. Sie ist so klein, dass sie es ins Guinness-Buch der Rekorde schaffen würde. Doch ihre Eltern sagten stets zu ihr: 'Angie, du brauchst keine Angst zu haben, denn tief in dir steckt das Potential, zur größten Eiche im ganzen Wald zu werden, ein Riese unter den Bäumen.'"

„Angie hörte das wohl, doch sie konnte nicht so recht daran glauben, weil sich so viele der anderen Eicheln über sie lustig machten. Die meinten, sie wäre so mickrig, dass aus ihr niemals etwas werden würde. Aber Angies Vater, der mächtigste Eichenbaum im Park, riet ihr, sich keine Sorgen zu machen. Und nach einer Weile hörte Angie damit auf, auf die anderen Eicheln zu hören. Sie hörte stattdessen auf die kleine, leise Eichelstimme tief in ihr drin, die zu ihr sagte: 'Angie, du kannst zu einer riesigen Eiche werden, wenn du nur daran glaubst.'"

Bill spürte, wie sich die Geschichte immer mehr seiner bemächtigte und passte seine Stimmlage der von Angie an.

„Und dann, eines Frühlingstags, nach einem langen, kalten, schneereichen Winter, ließ Angie ihre Wurzeln sprießen. Sie wiederholte immerzu: 'Glaube an dich, Angie, glaube.' Inzwischen waren die Stimmen der anderen Eicheln zu einem fernen Echo verkümmert. Und tatsächlich spürte sie, wie sie immer höher wuchs."

Bill hatte sich erhoben und streckte die Arme himmelwärts.

„Jedes Jahr wuchsen ihre Wurzeln tiefer in die Erde hinein und sie fühlte sich mit jedem Lebewesen verbunden. Schon bald ragte ihre Spitze über alle anderen Bäume empor und schließlich ... endlich ... war sie zur höchsten Eiche im ganzen Park geworden. Da war sie schon sehr weise und häufig kamen kleine Eicheln zu ihr, um sie um Rat zu bitten. Und jedes einzelne Mal nahm sich Angie die Zeit, ihre eigene Lebensgeschichte zu erzählen. 'Du kannst groß und stark werden', sagte sie ihnen. 'Du kannst ein Riese werden, wenn du nur daran glaubst.' Und wenn sie nicht gestorben ist, so lebt Angie noch heute."

Die Kinder applaudierten und schrien vor Begeisterung. „Das war die *beste* Geschichte", meinte Jessica; Annie und Mike nickten zustimmend.

Bill warf Falcon einen Blick zu und fühlte sich auf einmal verlegen. Schulterzuckend sagte er: „Ich hab' getan, was ich konnte, so ganz ohne Vorbereitung."

„Das war doch super! Sehen Sie, Bill, die besten Geschichten sind nicht notwendigerweise langatmig oder Märchen mit Es-war-einmal. Sie brauchen auch nicht witzig zu sein, mit einem großen Gag am Ende. Beim Geschichtenerzählen geht es eigentlich nur darum, unsere Botschaft so zu verpacken, dass sie lebendig wird. Eine Geschichte soll die Vorstellungskraft anregen und den Zuhörer miteinbeziehen und ich denke, das ist Ihnen fabelhaft gelungen. Unsere kleinen Freunde hier ließen sich total mitreißen. Sie werden die kleine Angie niemals vergessen ... und Sie auch nicht, Bill."

„Danke, Falcon."

„Und Bill?"

„Ja, Falcon." Falcon beugte sich hinüber und legte ihm sanft den Arm um die Schulter. „Denken Sie immer daran", ergänzte er breit grinsend, „eine Eiche war einst einfach nur eine dumme Nuss, die standhaft geblieben ist."

Da sprangen Mike und Jessica auf einmal auf und winkten in Richtung Parkplatz. „Da kommt unsere Betreuerin", verkündete Jessica. „Wir müssen los. Tschüss alle zusammen."

„Tschüss, Jessica", sagten Bill und Falcon, während Jessica Annie umarmte. Dann lief sie über die Wiese davon.

„Wiederseh'n, Mr. West. Hier, schau'n Sie mal ..." Mike hielt eine Eichel in der Hand.

„Was ist das?"

„Angie, das ist ein Glücksbringer."

Bill zwinkerte Mike zu: „Denke immer daran ... du musst glauben, Mike."

Mike lächelte und nickte und legte dann in vollem Sprint los, um Jessica einzuholen.

Nachdem die beiden hinter dem Hügel verschwunden und nicht mehr zu sehen waren, wandte sich Bill Annie und Falcon zu.

„Was für tolle Kinder." Falcon nickte und blinzelte seiner Enkelin zu.

„Oh ja. Und sie sind auch tolle Fußballspieler, richtig, Annie?"

„Richtig, Coach“, gab Annie lächelnd zurück.

Bill grinste und schüttelte den Kopf. „Sie sind auch noch Fußballtrainer? Sie stecken voller Überraschungen und Energie, Falcon. Sagt, seid ihr zwei hungrig?“

Beide nickten. „Okay, ich lade euch ein, zu was immer ihr wollt. Was würdet ihr gerne essen?“

„HAMBURGER!“, erscholl es wie aus einem Mund.

Annie lachte: „Verhext! Ich zwicke dich, ich knuffe dich, die nächste Cola geht auf dich!“ Und schon hatte sie ihren Großvater gezwickt und geknufft.

Falcon lächelte reumütig. „Ich denke nie an dieses Verhext-Spiel. Sie ist mit dem Knuffen immer schneller!“

„Nun ... heute übernehme ich auch die Cola. Auf geht 's, ihr zwei. Lasst uns was essen gehen – irgendwohin, wo Grasflecken nicht überpeinlich sind.“

Die beiden Männer nahmen Annie an der Hand und die drei zogen los, weg von Angie der Eichel und dem großen Eichenbaum, in die schwächer werdende Sonne hinein. Bill drehte sich noch einmal um und blickte auf die Eiche und die Wiese, auf der er sich seine Gras- und Schmutzflecken geholt hatte. Er steckte seine freie Hand in die Hosentasche. Ohne es zu bemerken, hatte er eine Eichel hineingetan. *„Das war mehr als nur ein Nachmittag voller Spiel und Spaß, Bill“*, dachte er bei sich selbst. *„Es ist wie bei der Eichel, man muss nur daran glauben.“*

Bills Notizblock

* Es gibt keine festen Spielregeln mehr.
* Das Monstergegengift lässt sich nur durch eine Mitarbeiterführung zusammenbrauen, die den kindlichen Geist nicht erdrückt.
* Wir müssen in all unseren Geschichten authentisch sein. Sie müssen mit unserem Verhalten übereinstimmen
* Kinder kommunizieren ohne Hemmungen. Sie sprechen aus dem Herzen. Wir sollten bei allem, was wir tun, danach streben, von Mensch zu Mensch und von Herz zu Herz zu kommunizieren.
* Durch Geschichten entsteht Nähe und es entstehen persönliche Beziehungen; das ist die Essenz einer starken Marke.
* Jeder im Unternehmen sollte Geschichten erzählen und anhören, insbesondere Geschichten unserer Kunden.

KAPITEL 8

Zu wissen, dass wenigstens das Leben eines anderen Menschen leichter war, weil du gelebt hast, bedeutet Erfolg.

~ Ralph Waldo Emerson

Sie fuhren zu dem Lieblings-Fast Food-Restaurant von Falcon und Annie mit dem Namen *The King's*. An jedem Quadratzentimeter Wandfläche hingen glänzende Fotos und Erinnerungsstücke von Elvis Presley. Elvispuppen und hüftschwingende Elvisfiguren zierten zahlreiche Regale und natürlich erscholl seine Musik aus allen Lautsprechern im Restaurant.

Nachdem sie Falcons Empfehlung gefolgt waren und zwei Hamburger „mit allem Drum und Dran“ für die Männer sowie einen Cheeseburger und einen Schokoladenshake für Annie bestellt hatten, lehnte sich Bill in der Sitznische zurück.

„Weißt du was, Annie, dein Opa ist wirklich ein toller Typ. Er kümmert sich am Donnerstag um deine zwei Fußballfreunde und dann trainiert er auch noch eure Mannschaft. Ich muss unbedingt mal zu einem Spiel von euch kommen.“ Annie strahlte.

„Das wäre ganz SUPER, Mr. West.“

Aus den Lautsprechern erklang gerade *Blue Suede Shoes,* als die Bedienung die Getränke und für Annie ein Mal- und Spielblatt mit Stiften brachte.

„Vielen Dank“, sagte Annie lächelnd.

„Gern geschehen, junge Dame“, lächelte die Bedienung zurück.

„Was ist denn da alles drauf, Annie?“, erkundigte sich Bill, während Annie sich mit dem grünen Stift über die Rätsel und Spiele auf ihrem Blatt hermachte.

„Ich mache dieses Rätsel hier.“ Sie zeigte Bill ein klassisches Rätsel, bestehend aus neun Punkten. „Ich darf nur vier gerade Linien ziehen und ich darf den Stift nicht absetzen. Und ich muss *alle* Punkte miteinander verbinden.“

„Das sieht ziemlich schwer aus.“

Annie nickte und beugte sich voll konzentriert über ihre Aufgabe.

„Wissen Sie, Bill, ich habe mal erlebt, wie ein Berater dieses Rätsel in einem Workshop benutzt hat. Er sprach über die *mentale* Box und wie wichtig es ist, *außerhalb* dieser Box zu denken.“

„Oh ja, davon habe ich schon mal von einem anderen Redner gehört.“

„Aber wissen Sie, ich glaube, es geht gar nicht so sehr um mentale Boxen.“

„Geht es nicht?“ fragte Bill verwundert.

„Es geht um physische Boxen – unsere Wohnhäuser und Büros. Wir rasen nur noch hin und her, vor und zurück, wie Ratten im Labyrinth. Natürlich machen wir hier und da mal ein Brainstorming und versuchen, außerhalb der Box zu denken und stellen dann das beste Kreativteam ein, das man für Geld kaufen kann.“

„Hört sich bekannt an“, gab Bill bedauernd zu.

„Klar. Sicher können Sie Ideen ohne Grenzen entwickeln, aber wenn Sie nicht aus Ihrer Routine ausbrechen, wenn Sie sich nicht mit der wahren Wirklichkeit außerhalb Ihrer Box verbinden, werden Ihnen alle kreativen Ideen der Welt nicht helfen können. Und was meinen Sie, was wohl das wichtigste Rätsel ist, das wir beherrschen müssen?“

„Aus der Routine ausbrechen?“

„Um was zu tun?“ Falcon beugte sich vor. „Gehen Sie noch einen Schritt weiter.“

Bill zuckte die Schultern. „Klären Sie mich auf, Falcon.“

„Das wichtigste Rätsel, das wir beherrschen müssen, besteht darin, Ihr Publikum zu verstehen und mit ihm zu kommunizieren. Es gilt herauszufinden, was die Menschen wollen und es ihnen dann zu geben, es gilt, ihnen zu helfen, an die positiven Gefühle zu gelangen, die sie sich wünschen und die *unerwünschten negativen* Gefühle zu eliminieren.“

„Falcon, das klingt schon wieder so *selbstverständlich*. Ich weiß nicht recht ...“

Doch so selbstverständlich ist das gar nicht. Es ist unwesentlich, was die Menschen über Sie oder Ihre Firma denken. Worauf es ankommt, ist, welches Gefühl Sie durch Ihre Gegenwart den Menschen über *sie selbst* und ihre Entscheidungen vermitteln. Kennen Sie die Geschichte über Benjamin Disreali?“

„Den britischen Premierminister aus dem neunzehnten Jahrhundert?“

Falcon nickte. „Ja. In der Geschichte, an die ich gerade denke, geht es um eine junge Frau, die einmal mit William Gladstone zu Abend aß – einem anderen bedeutenden Staatsmann jener Zeit. Am folgenden Abend aß sie in Disrealis Begleitung. Später erzählte dann die Frau: 'Nach dem Essen mit Mr. Gladstone hatte ich das Gefühl, dass er der gescheiteste Mann in ganz England ist. Doch nach dem Essen mit Mr. Disreali war ich mir sicher, dass ich die gescheiteste Frau in England bin.“

„Sie hat da wohl eine unvergessliche Begegnung mit Disraeli gehabt.“

„Sicher. Die Gefühle, die er in ihr über *sie selbst* wachgerufen hat, hielten noch lange Zeit nach dem Dinner an. Und genau das ist Ihre Aufgabe, Bill und auch die jedes Mitarbeiters in Ihrem Unternehmen. Sie müssen die Erfahrungen der Kunden mit Ihnen jedes einzelne Mal noch übertreffen. Und mit 'Sie' meine ich Ihre Mitarbeiter, Ihre Werbung, Ihre Produktverpackung, einfach alles. Das ist das Geheimnis, wie man sich Loyalität sichert.“

Annie schaute von ihrem Rätsel auf. „Geschafft!“

Beide Männer sahen auf das Blatt und die grünen Linien.

„Gut gemacht, Annie“, lobte Falcon. „Du hast deine grauen Zellen angestrengt. Das war kein leichtes Rätsel.“

„Danke, Opa“, strahlte Annie.

„Dein Großvater glaubt fest an dich, Annie.“

„Hm. Er hat mir beigebracht, wie man solche Rätsel hinkriegt. Und er sagt mir jeden Tag etwas Gutes, das ich über mich glauben darf. Und jetzt ... bin ich soweit, dass ich schon selbst etwas Gutes über mich sage. Wenn mich jemand ärgert oder in der Schule etwas Unfreundliches sagt, dann brauche ich bloß an das Gute zu denken und dann bin ich nicht mehr so traurig."

Bill sah sie beide an. „Mein Guru und meine Lehrerin. Wisst ihr, ich fange an, das alles zu begreifen. Wenn es mir gelingt, dafür zu sorgen, dass jeder meiner Mitarbeiter das sichere Gefühl hat, dass man an ihn glaubt und ihn unterstützt, dann können wir als Firma alles erreichen. Es geht nicht um Formeln, es geht um Herzensbeziehungen."

Falcon lächelte. „Diese Lektion haben Sie wirklich verinnerlicht, Bill."

Ihr Essen wurde serviert und Bill verspürte auf einmal einen Heißhunger.

„Durch das Fangen habe ich einen Riesenappetit bekommen, Annie."

„Ich auch!", erklärte sie, schnappte sich eine Fritte und umhüllte sie mit Ketchup.

„Falcon, wenn ich Sie beide heute Abend verlasse und dann wieder in mein Büro gehe, kann dann alles wirklich so einfach sein? Ich meine, der Markt sieht heute anders aus als damals, als Sie an der Spitze waren. Es gibt Werbeübersättigung, E-Mails, die Medien werden immer fragmentierter ... wie kann ich es schaffen, dass die Kunden auf uns aufmerksam werden ... und auf unsere Marke? Wie kann mein Unternehmen, entschuldigen Sie das Wortspiel, zum 'King' werden?"

„Sieht der Markt wirklich anders aus?", fragte Falcon.

„Sicher", antwortete Bill und biss in seinen Hamburger.

„Einen kleinen Moment." Falcon zog aus seinem Overall ein kleines schwarzes Buch hervor. „Hier drin habe ich einige meiner Lieblingszitate. Sind Sie bereit?"

Die Menschen brauchen

das sichere *Gefühl,*

dass man an sie glaubt

und *sie unterstützt,*

dann können sie alles erreichen.

Bill nickte und Falcon begann aus seinem Büchlein vorzulesen. „Die Psychologen sagen uns, dass der Geist ständig von Ideen bombardiert wird, die alle versuchen, in ihm einen Eindruck zu hinterlassen. Die beruflichen Abläufe, die um einen Menschen herum geschehen, die Leute, die ihn umgeben, die Gedanken, mit denen er sich beschäftigt, die Assoziationen, die durch einen Gegenstand ausgelöst wurden, den er gerade betrachtet – ganz zu schweigen von solch allgemeinen Dingen wie der Morgenpost, dem Telefon und den Dokumenten auf seinem Schreibtisch – all das schreit nach seiner Aufmerksamkeit. Hinzu kommt noch, dass er dringend aufgerufen ist, sich sofort um eines oder mehrere dieser Dinge zu kümmern. Der potentielle Kunde sitzt also nicht einfach mit leerem Geist umher, um darauf zu warten, dass ein Mensch oder eine Botschaft kampflos seine Aufmerksamkeit erlangt. Ein Verkäufer betritt ein bereits dicht besetztes Feld und muss sich die ungeteilte Aufmerksamkeit erkämpfen, ohne die es keinen erfolgreichen Verkaufsabschluss geben kann. Durch seine Persönlichkeit, seine Gesprächseröffnung und seine Vorschläge muss er allen Wettbewerb um die Aufmerksamkeit des Kunden ausschalten und das Feld allein besetzen."

„Das trifft es, Falcon, ganz genau so ist es. Ich brauche Ihnen nichts zu erklären, was Sie nicht sowieso schon wissen."

Falcon lachte. „Das stimmt. Das Buch, aus dem dieses Zitat stammt, heißt *Modern Business* und stammt aus dem Jahr 1918. Sie sehen also, Bill, dass es schon *immer* eine Herausforderung war, jemandes Aufmerksamkeit zu gewinnen ... und so wird es *immer* sein."

„Von 1918, hm? Also okay, *wie* gewinnt man nun die Aufmerksamkeit?"

„Nun, lassen Sie mich zuerst erläutern, wie man es *nicht* tun sollte. Vergessen Sie es, laut oder extrem sein zu wollen, um gehört zu werden, denn nur einer Kommunikation, die eine Beziehung herstellt, wird zugehört. Und doch glauben wir alle, dass die Menschen uns umso mehr Aufmerksamkeit schenken, je mehr wir sagen. Doch das stimmt einfach nicht. Es geht vielmehr um Relevanz. Sie waren doch sicher auch schon mal auf einer Party in ein Gespräch vertieft, als plötzlich in einem anderen Gespräch Ihr Name genannt wurde. Sie hatten die andere Unterhaltung die ganze Zeit gehört, doch erst als Ihr Name erwähnt wurde – also etwas, das für Sie von Bedeutung ist – wurden Sie sich des anderen Gesprächs bewusst."

„Keine Handstände", warf Annie ein.

„Ich verstehe nicht recht?", fragte Bill zurück.

„Keine Handstände und keine Purzelbäume. Opa mag Menschen, die einem nicht sagen, wie wichtig sie sind. Jeder ist wichtig, so wie Mr. Crenshaw."

„Mr. Crenshaw?"

„Mr. Crenshaw ist ein würdiger älterer Herr. Er besitzt einen Studebaker, der sein ganzer Stolz ist. Leider hat er nicht viel Geld für Reparaturen. Wenn er in die Werkstatt kommt, dann sorge ich dafür, dass sein alter Wagen bestens versorgt wird – genauso wie wir uns um die Autos von Bradley Hopper kümmern."

„Sie machen den Service für die Fahrzeugsammlung von Brad Hopper?"

„Für alle siebenunddreißig. Aber manchmal finde ich es ermüdend, dass er jedes Mal, wenn er zu uns kommt, mich daran erinnert, was er alles besitzt und welche Unternehmen er alle leitet. So etwas ist keine Geschichte, das ist ein Handstand."

Während die drei ihre Teller leeraßen, dachte Bill über seinen Führungsstil nach. Gab er jedem, mit dem er Kontakt hatte, das Gefühl, wichtig zu sein? War für ihn jeder einzelne Kontakt bedeutungsvoll? War es möglich, dass die Lösung nicht in Statistiken zu finden war, sondern in Bescheidenheit und Einfühlungsvermögen?

Nachdem sie aufgegessen hatten, schnappte sich Bill die Rechnung. „Vergesst nicht, die übernehme ich."

„Es wird Zeit, unsere kleine Miss nach Hause ins Bett zu bringen", meinte Falcon und erhob sich. „Ist es okay, wenn wir vorher in meiner Werkstatt vorbeischauen?"

„Aber sicher."

Die drei erhoben sich, um zu gehen. Bill sah auf Annies Rätselblatt.

„Kann ich das haben, Annie? Ich mag deine Zeichnungen und wie du das Rätsel gelöst hast. Ich würde es gern in meinem Büro an die Wand hängen."

Annie strahlte: „Natürlich. Für das nächste Mal werde ich Ihnen auch noch ein Bild von meiner Hündin Honey machen. Ich kann sie echt gut zeichnen, weil ich sie dauernd sehe und ich kenne jedes kleine Detail."

Bill zwinkerte. „Das würde mich freuen." Er nahm das Rätselblatt an sich. *Außerhalb der Box leben. Die Routine durchbrechen. Die Punkte mit Einfühlungsvermögen und Mitgefühl verbinden. Der grüne Stift eines unschuldigen Kindes. Ein Kind, das noch nicht durch Regeln, Routineabläufe und engstirniges Denken definiert ist.* Bill West strahlte. Jetzt konnte er das Rätsel lösen.

Bills Notizblock

* Wir müssen alle außerhalb der Box denken und leben, wenn unsere Firma Erfolg haben soll.

* Es spielt keine Rolle, was die Leute über uns denken. Es kommt nur darauf an, welches Gefühl wir durch unsere Gegenwart den Menschen über sie selbst und über ihre Entscheidungen vermitteln.

* Verbinden wir die Punkte mit Einfühlungsvermögen und Mitgefühl.

* Kinder reagieren positiv auf Lob und genauso werden es auch meine Mitarbeiter tun.

* Um im Markt eine Vertrauensbasis zu erschaffen, geht es mehr darum, Beziehungen herzustellen und weniger darum, wer die meiste Aufmerksamkeit auf sich lenken kann.

KAPITEL 9

Die höchste Belohnung, die wir für gut gemachte Arbeit erhalten, ist die Fähigkeit, noch bessere Arbeit zu leisten.

~ Elbert Hubbard

Auf der Fahrt zur Werkstatt zog Annie ein Plüschtier aus ihrem Rucksack hervor und kuschelte sich mit ihm auf dem Rücksitz zusammen. Sie waren noch keine fünf Minuten unterwegs, da war sie bereits eingeschlafen.

Bill drehte sich um und betrachtete das schlafende Kind. Im fahlen Licht des Mondes und der Straßenbeleuchtung warfen ihre langen Augenbrauen Schatten auf ihr Gesicht. Sie hatte einen vollkommen entspannten Gesichtsausdruck, wie auf einem Foto.

„Sie sind ein Glückspilz, Falcon. Sie ist so hübsch und sie ist so voller ... wie soll ich sagen ... Liebe zu den Menschen. Sie hat von der Welt noch nicht so viele Schläge einstecken müssen. Sie hat so viel Begeisterung."

„Wissen Sie, wir Erwachsenen haben oft das Gefühl, dass die Welt auseinanderbricht. Wir wünschen uns mehr Nähe, weil sich in der Welt so viel verändert, so viel, worauf wir keinen Einfluss haben. Es scheint einfach so zu sein, dass Kinder die Fähigkeit haben, sofort eine Beziehung herzustellen. Da ist nichts gekünstelt und sie haben kein Interesse daran, irgendjemand von sich fernzuhalten."

„Wissen Sie, Falcon, der heutige Tag ist mir unglaublich lang erschienen. Das soll nicht heißen, dass er schlecht war. Es ist nur so, wenn ich an der Arbeit bin, fliegt der Tag nur so vorüber und wenn ich auf meine Uhr schaue, ist es auf einmal schon halb sechs. Heute hat es sich so angefühlt, als sei er in Zeitlupe verlaufen. Wir haben so viele verschiedene Dinge getan, wir hatten viel Spaß mit den Kindern ... und wir haben geredet."

„Ich weiß, was Sie meinen."

„Wollen Sie wissen, was mir dabei Angst macht?", fragte Bill.

„Was denn?"

„Ich habe das Gefühl, dass die letzten zwanzig Jahre meines Lebens nur so an mir vorbeigerast sind. Wo sind sie hin, die ganzen Jahre? Wissen Sie, als ich auf dem College war, da haben wir jemanden in meinem Alter schon als 'alt' bezeichnet."

„Wenn Sie alt sind, dann bin ich antik", witzelte Falcon.

„Der heutige Tag hat ... ich weiß nicht wie ... mir für einige Dinge die Augen geöffnet."

„Bill, wollen Sie wissen, warum das Leben scheinbar langsamer verläuft, wenn wir mit Kindern sind ... oder uns wie Kinder verhalten?"

„Oh ja, klären Sie mich bitte auf. Das war heute wirklich ein seltsames Gefühl."

„Okay. Nun, wenn wir mit Kindern zusammen sind und wenn wir wie Kinder denken ... als wir selbst Kinder waren, da war jede Erfahrung ganz neu und aufregend. Wollen Sie, dass Ihr Leben langsamer verläuft? Dann müssen Sie jeden Tag als etwas ganz Neues erleben."

Wenige Minuten später erreichten die drei die Parkfläche vor Falcons Autowerkstatt. Falcon nahm Annie vorsichtig auf seine Arme, sorgsam darauf bedacht, sie nicht aufzuwecken und trug sie in das Gebäude. Dort legte er sie in seinem Büro sanft auf ein großes Sofa, hüllte sie in eine große Bettdecke ein und gab ihr einen Kuss auf die Wange.

Falcon drehte sich zu Bill um und flüsterte: „Haben Sie Lust, meine beiden anderen Schönheiten zu sehen?"

„Sicher", meinte Bill achselzuckend.

Falcon führte ihn in den hinteren Teil des Gebäudes. Als er das Licht einschaltete, bemerkte Bill: „Das soll eine Autowerkstatt sein? Es ist so sauber hier, dass man vom Boden essen könnte."

„Aus Leidenschaft erwächst Sorgfalt."

Falcon schritt zu zwei Fahrzeugen und schaltete noch eine weitere Lampe an, damit Bill sie gut betrachten konnte. Bill ließ einen langanhaltenden Pfiff ertönen. „Wow!"

„Ja. Das hier ist ein 56er *Chevy Belair* Cabriolet."

„Die zweifarbige rot-weiße Lackierung ist ein Traum. Was für ein Auto!", meinte Bill, während sie um den Wagen gingen und die Lackierung und den Chrom bewunderten.

„Dieser hier drüben", erklärte Falcon und ging zu dem zweiten Wagen in strahlendem Weiß, „ist eine Corvette von 1953. Davon wurden nur 300 Stück hergestellt, von welchen 200 bis heute überlebt haben. Dieses Baby ist ein wahres

Erlebe jeden Tag
als etwas *ganz Neues.*

Schmuckstück. An seiner Restaurierung arbeite ich schon länger als an jedem anderen Wagen, mit dem ich mich beschäftigt habe. Es ist fast unmöglich, noch Teile zu finden."

„Da haben Sie Recht, solch eine Schönheit habe ich selten gesehen. Sie ist vollkommen."

Falcon schritt zur rechten Frontseite des Wagens. „Vollkommen, nur leider fehlt hier eine Radkappe. Ich hab' schon überall nach einer gesucht, hab's bei allen probiert, bei denen ich etwas gut habe, es ist einfach keine Radkappe zu finden."

„Ach, der Wagen ist auch so sagenhaft."

„Danke."

Die beiden Männer verließen die Werkstatt und Falcon löschte das Licht.

„Der heutige Tag hat mir wirklich sehr viel gebracht, Falcon. Am Anfang war ich mir nicht ganz sicher ... das erscheint mir jetzt, als wäre es schon ewig her. Aber inzwischen ..."

„Beziehungen sind so wie Spiegel, Bill. Sie bringen Ihnen genau das, was Sie zuvor in sie investiert haben."

„Nun, Falcon, Sie waren heute ein großartiger Spiegel für mich. Sie haben mir die Augen geöffnet."

„Die Lösungen zu all Ihren Problemen befanden sich schon die ganze Zeit in Ihrem Kopf, Bill. Sie mussten nur Ihr Herz aufschließen, um sie freizulegen. Führungsqualitäten haben nur mit dem Geben zu tun und nicht mit dem Nehmen."

„Ich kann Ihnen gar nicht genug danken und ich würde sehr gern zu einem Fußballspiel von Annie kommen. Kann ich Sie anrufen, um den Termin zu vereinbaren?"

„Bill, wir sind jetzt Freunde. Rufen Sie mich an, wann immer Sie wollen."

Sie reichten sich die Hände und Falcon klopfte Bill auf den Rücken. Bill stieg in seinen Wagen und winkte, als er wegfuhr.

Bill West ließ den Tag wieder und wieder Revue passieren und lächelte, wenn er an die Höhepunkte dachte und an die Lektionen, die er gelernt hatte. Er durchquerte die Stadt, um nach Hause zu kommen und erreichte schließlich seine Grundstückseinfahrt. Er wusste, dass seine Frau bei Ihrem wöchentlichen Literaturgesprächskreis war. Daher war das Haus dunkel und er musste ohne Beleuchtung nach seinem Hausschlüssel suchen.

Als er das Haus betrat, wurde er von der gesamten Tierschar begrüßt. Er versorgte die Vierbeiner mit Futter und Wasser und ging kurz mit den Hunden raus, danach fütterte er die Fische und seine Vögel. Das war seine Art, sich nach einem anstrengenden Tag zu entspannen. Anschließend ging er nach oben, um sich seiner grasbefleckten Kleidung zu entledigen und unter die Dusche zu gehen.

Im Schlafzimmer schaltete er das Licht an und griff nach seinem Handy, aus purer Gewohnheit. Er wählte die Nummer seiner Mailbox.

Die elektronische Stimme verkündete: „Sie haben ... fünfzehn neue Nachrichten."

Seufzend machte er sich daran, sie abzuhören.

„Bill, Ray hier. *Croton and Sons* wollen den Deal nicht einhalten. Wir müssen uns über ein Gegenangebot unterhalten. Das ist ein fürchterliches Drama. Ich brauch' dir ja nicht zu sagen, wie viele Stunden ich schon da hinein investiert habe ..." Piep.

„Bill? Hier ist Karen. Hör mal, ich muss wissen, was ich mit unserem Kunden Morris machen soll. Er insistiert, dass er uns fallen lässt, wenn wir ihm dieses Jahr keine besseren Preise machen. Dabei hat er schon seit drei Jahren dieselben Preise. Ich bin dafür, ihn gehen zu lassen. Wo sonst kann er einen Deal wie mit uns bekommen?“ Piep.

Bill West spürte, dass er ganz automatisch in den Firmenchef-Modus wechselte. Er drückte die 8 auf seinem Telefon, um Karen zu antworten, während sich seine Rückenmuskeln verspannten.

„Karen, hier ist Bill. Hör zu, ich glaube, wir sollten uns mit Morris zusammensetzen. Es gefällt mir nicht, dass er uns so die Pistole auf die Brust setzt. Sprich mich gleich morgen früh darauf an, am Freitag.“

Er hörte die nächste Nachricht ab. „Bill, hier spricht Randy Black. Hören Sie mal, ich hab' das Gefühl, dass Ihr Verkaufsleiter mit unserer langjährigen Vereinbarung herumkaspern will. Das ist großer Blödsinn und das wissen Sie auch.“ Piep.

„Bill, hier ist Marv ...“

Bill fuhr fort, seine Nachrichten abzuhören und wurde immer verspannter. Gleichzeitig ging er zum Kleiderschrank hinüber. Oben darauf lag eine Zigarrenkiste, die seinem Großvater gehört hatte. Er öffnete sie mit einer Hand und tat das Kleingeld aus seiner Hosentasche hinein. Die Münzen erzeugten ein klimperndes Geräusch, als sie auf das Geld fielen, das sich bereits in der Kiste befand. Er war immer noch dabei, aufmerksam seine Nachrichten abzuhören, als eine Eichel in der Kiste landete.

„Angie“, flüsterte er. Auf einmal erschien ihm die Mailbox tausend Meilen entfernt zu sein. Er beendete den Anruf und legte sein Handy auf die Kommode. Ein Schockgefühl begann, sich in ihm breitzumachen. Wie konnte er nur alles so schnell vergessen und wieder den alten Geisteszustand annehmen? Die alten Verhaltensweisen? Er nahm die Eichel in die Hand und schaute sie an.

„Wenn wir es ganz nach oben schaffen wollen, muss ich jeden Tag so erleben wie heute ... wie den Tag im Park. Fangen spielen.“ Ihm war bewusst, dass er sich selbst zuflüsterte. „Das ist die Genialität der Kindheit, Angie, meine Freundin, die Genialität der Kindheit."

Erschüttert über die Anspannung, die er in sich zugelassen hatte, setzte sich Bill auf das Bett. Der vergangene Tag erschien ihm unendlich lang, als er dasaß und über sein Leben nachdachte. Da hörte er, wie seine Frau nach Hause kam.

„Bill?", rief sie.

„Hier oben, Liebling."

Er blieb auf dem Bett sitzen und wartete, dass sie die Treppe heraufkam.

„Bist du gerade erst nach Hause gekommen?", fragte sie, als sie ihn da noch halb angezogen sitzen sah.

„Ja, Liebling. Setz' dich zu mir. Ich habe einen äußerst faszinierenden Tag erlebt."

Sie setzte sich neben ihn und er nahm ihre Hand.

„Ich muss dir so viel erzählen", begann er leise seinen Bericht. „Es fing damit an, dass ich einen Mann namens Falcon an einer Tankstelle kennenlernte ..."

Bills Notizblock

* Erlebe jeden Tag als etwas ganz Neues.

* In dieser hektischen Welt, in der alles außer Kontrolle zu geraten scheint, haben wir ein starkes Verlangen nach Nähe.

* Meine Beziehungen bringen mir genau das, was ich zuvor in sie investiert habe.

* Ich muss geben anstatt zu nehmen, wenn ich eine hervorragende Führungskraft sein will.

* Die Antworten liegen alle in mir.

KAPITEL 10

Da gehen meine Leute. Ich muss ihnen folgen, denn ich bin ihr Anführer.

~ Mahatma Gandhi

Falcon lenkte seine weiße Corvette in der Sommersonne und der glänzend polierte Lack reflektierte von der Motorhaube aus ihre Strahlen in alle Richtungen, sodass der Wagen zu glühen schien. Er fuhr die Corvette nicht oft, doch heute war ein besonderer Tag. Der Wagen war vollkommen, bis auf die fehlende Radkappe. So gut hatte er noch keinen anderen Wagen restauriert.

Falcon blickte nach rechts und sah, dass Annie in ein Buch vertieft war.

„Was liest du denn da, Annie?"

„Die Biographie von Helen Keller, Opa."

„Es ist doch Sommer", neckte er sie. „Warum willst du jetzt Bücher lesen?"

„Bücher sind der Schlüssel zum Wissen, Opa. Bücher und Erfahrung. Das weißt du doch."

„Weiß ich das?"

Annie lachte und entblößte ihre neu gewachsenen Schneidezähne. „Ja! Das hast du mir doch gesagt. Hör' auf, dich dumm zu stellen."

Falcon grinste. Annie sagte immer, was gerade in ihr vorging. Er sah auf ein Hinweisschild. Dem Anfahrtsplan zufolge waren es noch vier Abfahrten. Während sie dahinfuhren, bemerkte er, dass einige andere Fahrer beschleunigten, um sich die Corvette näher anzusehen, was ihn zum Lächeln brachte. Schließlich erreichte er die Ausfahrt und bog rechts ab. Von dort erblickte er schon die Kirche, von der Bill gesprochen hatte. Ihr Pfarrer war beinahe ein ebenso großer Liebhaber von Zitaten wie Falcon und er hatte vor seiner Kirche eine Anzeigetafel platziert. „Der Glaube lässt sich nicht lehren, sondern nur erfahren."

„Das klingt ganz wie die Wahrheit", flüsterte Falcon zu sich selbst.

Er fuhr noch ein wenig weiter, bis er in ein Gewerbegebiet kam. Er fand das Gebäude und parkte den Wagen. „Auf geht 's, Annie", sagte er und half seiner

Enkelin beim Aussteigen.

Als er das Eingangsportal von Bills Firma durchschritt, hatte Falcon das Gefühl, dass die Atmosphäre wie elektrisch aufgeladen war. Das erste, was ihm auffiel, war die Geschäftigkeit. Die Angestellten, die auf dem Weg zu ihren Meetings oder zu anderen Gebäudeteilen den Empfangsbereich durchquerten, waren alle in kleinen Gruppen in Gespräche vertieft. Und noch etwas fiel Falcon auf, alle waren fröhlich und lachten. Er bekam eine Unterhaltung mit, in der zwei Mitarbeiter unterschiedlicher Meinung waren, sich aber dennoch zuhörten und die Meinung des anderen respektierten. Die Gespräche waren spielerisch und provokativ und auch freundlich, doch es war deutlich, dass niemand sich davor fürchtete, seine Meinung zu sagen. Falcon nickte voller stiller Zustimmung.

„Guten Morgen, Sir!" Ein älterer Herr war stehen geblieben und lächelte Falcon an und kniete nieder, um Annie die Hand zu geben. „Was kann ich für Sie tun?"

Falcon antwortete: „Mein Name ist Richard Falcon und das hier ist meine Enkelin Annie."

„Du bist Miss Annie Bananie?"

Annie kicherte und nickte. Der Mann hob sie hoch, ließ sie ein wenig durch die Luft schweben und setzte sie wieder ab.

„Nun, ich will gleich ... und Falcon. Der Falcon. Lassen Sie mich Ihre Hand schütteln. Ich bin John Stasinos, ich freue mich außerordentlich Sie kennenzulernen. Bill hat uns Ihr Kommen angekündigt. Wissen Sie, nach seiner Begegnung mit Ihnen hat er uns eine Geschichte erzählt. Eigentlich hat er uns viele Geschichten erzählt, aber in einer sehr bedeutsamen ging es um den Tag, den er mit Ihnen und mit Annie verbracht hat und ..." John zögerte einen Moment.

„Sprechen Sie weiter", bat Falcon lächelnd.

„Nun, er sagte uns, dass wir fortan keine Angestellten mehr wären, sondern wir wären alle Teil der Lösung. Er erklärte uns, dass er niemals aufgeben würde und dass wir gemeinsam das Unternehmen zum Erfolg führen könnten."

„Das hört sich nach einem energiegeladenen Meeting an."

„Das war es." John sah Falcon in die Augen. „Einige hatten Tränen in den Augen und auch Bill war sehr gerührt. Bevor er Sie kennenlernte, dachten wir alle schon, wir müssten uns bald einen neuen Job besorgen. Doch seither ..." John schüttelte den Kopf, von der Erinnerung beinahe überwältigt. „Nun, sagen wir es so, ich habe das Gefühl, dass ich vor sechs Monaten einen neuen Job in einer neuen Firma erhalten habe – ohne dass ich diese verlassen musste. Und schauen Sie mal auf die Wand da drüben."

„Da, wo die Farbe ein wenig anders ist?", wollte Annie wissen.

„Ja, genau. Da hing lange Zeit ein Schild mit unserem Unternehmensleitspruch. Der hat uns allerdings nie sonderlich viel bedeutet, für keinen von uns. Das war einfach nur eine modisch klingende Formulierung. Bill hat es deswegen abnehmen lassen. Und er wollte nicht, dass die Stelle neu gestrichen wird, damit man sie immer erkennen konnte. Wir sollten jeden Tag, wenn wir hereinkommen, daran denken, ... wie hat er das noch ausgedrückt?, dass wir mehr sind als ein Leitspruch. Wir leben eine Aufgabe." John Stasinos hielt inne. „Oh, sehen Sie her", sagte er mit einem breiten Lächeln und er machte eine Handbewegung, als wolle er einen berühmten Star ankündigen. „Da kommt er."

Falcon und Annie drehten sich um und Annie lief spontan auf Bill zu. Bill hob sie hoch und gab ihr eine herzliche Umarmung, während er sie zu Falcon und John zurücktrug.

Haben Sie da etwa einen leichten Pinkton im Haar, Bill?", fragte Falcon lachend, als sich die beiden Männer die Hände schüttelten.

„Ich habe eine Wette mit der Marketingabteilung verloren. Das ist aber schon sehr ausgebleicht, das hätten Sie mal letzten Mittwoch sehen sollen."

„Das kann ich bestätigen", ergänzte John laut lachend. „Sie sahen aus wie jemand, der einer Punkrock-Band entlaufen ist."

„Annie?"

„Ja, Mr. West?"

„Hast du Lust mit John zu gehen? Wir haben heute den 'Verrückten Freitag' im Speisesaal. Alle Angestellten bringen ihre Kinder mit, um mit ihnen zu essen und wir haben auch ein Unterhaltungsprogramm. Heute ist, glaube ich, ein Zauberer da. In der Cafeteria gibt es ganz besondere Gerichte und wir haben auch einen Tisch, an dem man sich seinen Eisbecher selbst zusammenstellen kann. Ich möchte wetten, weil ich ja wusste, dass du kommst, dass es da sogar Pfefferminzeis gibt."

„Das wussten Sie noch!"

„Das könnte ich nie vergessen, Annie."

„Darf ich, Opa?"

„Sicher, meine Süße. Bis später."

John nahm sie bei der Hand und zeigte ihr den Weg.

„Ich wusste nicht, was mich hier erwartet, Bill, aber ich kann es spüren. Hier herrscht Leben."

„Danke, Falcon. Das war nicht ganz leicht."

„Das ist es nie, wenn man versucht, den Menschen zu helfen, alte Denkgewohnheiten zu verlassen, Bill."

„Nun, ich habe mir klar gemacht, dass ich all diese intelligenten Leute habe, großartige Menschen mit großartigen Ideen. Aber wir brauchten mehr Ausgewogenheit, wir brauchten den Gefühlsaspekt. Der war uns verloren gegangen – vielleicht war er auch nie dagewesen. Wie auch immer, wollen Sie eine

ARBEIT sollte
Spaß machen!
GLAUBE DARAN!
und öffne dich deiner Intuition.

Schlossführung?"

Die beiden Männer besuchten alle Abteilungen. Überall war Falcon von der spürbaren Begeisterung beeindruckt.

„Nach der Begegnung mit Ihnen habe ich viel über die Positionierung einer Marke nachgedacht", flüsterte Bill, um seine Mitarbeiter nicht bei der Arbeit zu stören. „Deswegen habe ich dieses Team hier zusammengestellt, um über das Gefühlsgeschäft zu sprechen."

„Ich frage mich, woher Sie diese verrückte Idee haben", sagte Falcon mit einem Augenzwinkern.

„Keine Ahnung", gab Bill spielerisch zurück. „Wir haben über Gefühle gesprochen, doch jeder kam immer wieder auf das Design zurück. Vom Werbedesign über Webseiten-Design bis hin zum Produktdesign ... wir beschlossen, dass es keine Funktionalität ohne Schönheit mehr geben sollte. Die Ästhetik ist sehr wichtig, denn sie entspricht den Gefühlen. Also haben wir eine Verbindung hergestellt zwischen unserem ganzen Design und begeisterten, zufriedenen Kunden."

„So wurde eine neue Marke geboren."

„Sie haben es begriffen."

„Dieses Team hier nimmt seine Arbeit sehr ernst, aber nicht sich selbst. Die Arbeit sollte Spaß machen. Kaum zu glauben, dass ich so etwas sage. Kaum zu glauben, dass ich das weiß ... Ich glaube mit meiner ganzen Seele daran. Meine Leute, mit ihrem Sinn für Spaß, diese Marke ... wir erzielen Ergebnisse, wie wir sie noch nie zuvor gesehen haben. Ein Unterschied wie Tag und Nacht."

„Das ist das Wesentliche daran, wenn man sich der Intuition öffnet."

„Richtig." Bill leitete Falcon einen Gang entlang. „Meine Mitarbeiter haben ein intuitives Gespür entwickelt. Sie gelangen allmählich in den Bereich der unbewussten Kompetenz."

„Davon habe ich noch nicht gehört."

„Sehen Sie, es gibt die unbewusste Inkompetenz. Sie wissen überhaupt nicht, was Sie nicht wissen."

„Okay, dem kann ich folgen", nickte Falcon zustimmend.

„Dann gibt es die bewusste Inkompetenz, wenn Sie sich über das bewusst sind, was Sie nicht wissen. Dann kommt die bewusste Kompetenz, wenn Sie wissen, dass Sie es wissen."

„So, wie wenn ich weiß, dass Sie mit rosa Haaren lächerlich aussehen?"

Bill sah Falcon von der Seite an. „Ja, Sie Schlaumeier, so ungefähr. Schließlich gibt es die unbewusste Kompetenz, wie bei einem Künstler, wenn Sie gar nicht wissen, was Sie alles wissen und können. Sie können es einfach, es ist ein Teil von Ihnen."

„Ich weiß, was Sie meinen. Diese Unterscheidungen werde ich mir merken."

Die zwei Männer durchquerten noch eine Halle und näherten sich dann der Cafeteria.

„Das waren die schwersten sechs Monate meines Lebens, aber auch die lohnendsten. Meine Angestellten sind zu meinen Freunden geworden ... zu meiner Familie. Ich spüre wieder die Begeisterung, die Leidenschaft ... so wie Ihre Enkelin. Und es ist solch eine Freude, uns allen beim Wachsen, Lernen und Gewinnen zuzusehen."

„Das ist es ganz gewiss. Sie haben hier echtes Teamwork und wahre Innovationskraft. Die Menschen haben keine Scheu, Sie anzusprechen und keine Angst davor, Fehler zu machen."

„So wie ich mit meinen Haaren. Keine Angst, sich schmutzig zu machen ... oder lächerlich auszusehen. Es geht darum, den Drang aufzugeben, alles kontrollieren zu wollen. Dem Mühlrad entkommen. Die nichtssagenden

Das Unwichtige
kann warten.
Die Menschen
und Gefühle
KÖNNEN ES NICHT.

E-Mails, die Nachrichten, die ein anderer bearbeiten kann. Das Unwichtige kann warten, die Menschen und ihre Gefühle können es nicht."

Die beiden Männer betraten die Cafeteria und es sah so aus, als hätte sich dort ein Großteil der Mitarbeiter versammelt. Annie rannte auf Falcon zu.

„Opa ... sie haben einen Kuchen! Für uns. Für mich und für dich!!"

Sie führte ihn an der Hand zu einem Tisch, auf dem ein großer Kuchen stand. Er war mit weißem Zuckerguss überzogen und oben auf dem Kuchen war eine detailreiche Verzierung, ein Sandkasten mit einem roten Eimer, zu erkennen. Darüber konnte man die Worte lesen: „Die Sandkastenweisheiten befreien das innere Kind" und darunter: „Für Annie und Falcon in Liebe!!"

Falcon war tief gerührt. Er drückte Annies Hand und zog sie nahe an sich heran. Die Weisheiten kamen von ihr, er hatte lediglich gelernt, sie zu verinnerlichen, anstatt sich, so wie Bill zuvor, von dem ganzen alltäglichen Kleinkram vereinnahmen zu lassen.

Bill kletterte auf einen Stuhl. „Kommt mal bitte alle zusammen!", rief er, „Kommt hierher!"

Die Belegschaft versammelte sich um den Tisch mit dem Kuchen. Die Menge bebte vor gespannter Erwartung.

„Wie Sie ja alle wissen, sind wir Falcon und Annie zu sehr großer Dankbarkeit verpflichtet. Ich persönlich bin es auch und Sie wissen alle, was sich bei uns alles verändert hat, dank der Lektionen und Einsichten, die ich von den beiden gelernt habe. Nun, ich kenne Falcon, die Worte 'zur Dankbarkeit verpflichtet' gefallen ihm sicher nicht."

Falcon nickte zustimmend.

„Deshalb will ich einfach nur sagen: 'Vielen Dank, Freunde.' Und ich möchte

Ihnen diese Geschenke überreichen."

Bill überreichte Annie ein eingepacktes Geschenk. Schnell machte sie es auf. „Ein Buch!"

„Die Eichel Angie", flüsterte Falcon und ließ seinen Finger über den Titel gleiten.

„Marcy West?"

„Das ist meine Frau. Sie wollte schon immer ein Buch schreiben und es selbst illustrieren. Ich habe sie lediglich ermutigt, ihren Traum zu verwirklichen. Wir haben es selbst verlegt und wir kommen mit dem Drucken kaum nach."

„Vielen Dank." Annie drückte das Buch an die Brust.

„Und Falcon ..." Bill überreichte ihm ein Paket. Falcon entfernte das Geschenkpapier und die ganze Belegschaft beugte sich erwartungsvoll vor. In dem Karton lag eine glänzende Radkappe.

„Oh du mein ..." Falcon spürte, wie er einen Kloß in den Hals bekam. „Wie haben Sie ...?"

„Ich habe gar nichts gemacht."

Ein Stimmenchor erhob sich im Raum: „Wir waren es!"

Bill hob zu einer Erklärung an: „Ich konnte die Kappe nicht auftreiben, Falcon, also habe ich die Aufgabe dem entschlossensten Team übertragen, das ich kenne, allen hier. Sie haben sie gefunden. Ich bin absolut davon überzeugt, dass sie alles erreichen können. Und...", fügte Bill lächelnd hinzu, „Niemand ist so klug wie alle zusammen."

„Vielen herzlichen Dank", erwiderte Falcon, von Herzen gerührt. „Ich bin dankbar, dass ich ein kleiner Teil dieser Energie sein durfte."

„Kommen Sie", forderte ihn Bill auf, „lassen Sie uns den Kuchen anschneiden."

Nach dem Kaffee und Kuchen war es für Falcon und Annie an der Zeit, sich zu verabschieden. Bill begleitete sie zum Portal.

„Bleiben Sie Ihren Weisheiten treu, Bill."

„Das werde ich, Falcon."

Er beugte sich vor, um Annie zu umarmen. „Und du ... bleibe all dem treu, was du in dir fühlst, Annie."

„Das werde ich, Mr. West." Sie gab ihm einen Kuss auf die Wange.

Annie und Falcon verließen das Gebäude und gingen zur Corvette. Falcon öffnete den Kofferraum, entnahm ihm ein Werkzeug und brachte die Radkappe am rechten Vorderrad an. Dann erhob er sich und trat einige Schritte zurück.

„Was meinst du, Annie?"

„Sie ist wunderschön!"

Er zauste ihr Haar. „Lass' mich dich nach Hause bringen."

Die beiden fuhren davon. Falcon blickte in den Rückspiegel. „Schau mal hinter uns, Annie".

Sie drehte sich um. Einige dutzend Angestellte winkten zum Abschied. Annie winkte voller Elan zurück, bis sie außer Sichtweite waren. Schon bald befanden sie sich wieder auf der Hauptstraße und die Corvette strahlte in der Sonne.

„Opa?"

„Ja, mein Glückskäfer?"

„Dieser Tag, der mit dem Sandkasten und dem Vogel und dem Eis und das alles?"

„Ach ja ..."

„Hat der Mr. West wirklich so viel geholfen? Ich meine, er hat mir das Buch geschenkt und das alles."

„Ja, meine Süße. Ich verrate dir ein Geheimnis: Alle die Veränderungen, die er in seiner Firma eingeführt hat, die hatten schon immer in ihm gesteckt. Er hatte das nur irgendwie vergessen. Weißt du, die Erwachsenen werden groß und dann vergessen sie alles, was sie über die Menschen und die Liebe und die Gefühle wissen. Das alles geht irgendwie in der Ernsthaftigkeit des Erwachsenenlebens verloren."

„Müssen die Erwachsenen immer so ernst sein?"

„Nein, mein Schatz, müssen sie nicht, überhaupt nicht."

„Stecken denn diese Dinge in jedem Menschen?"

„Ja, Annie, das stimmt. Sie vergessen es nur. Zum Glück hab' ich dich, damit ich das niemals vergesse."

Falcon fuhr der sinkenden Sonne entgegen. Er warf einen Blick auf Annie. Er hatte seine Radkappe und er führte ein Leben voller Gefühle. Er hatte die Sandkastenweisheiten und wichtiger noch, er würde sie niemals gehen lassen.

Bills Notizblock

* Alles dreht sich um den GLAUBEN ... und um die Liebe.

Tom Asacker

Tom Asacker wird häufig als Katalysator und Nonkonformist bezeichnet. Er ist ein unabhängiger Berater für Markenstrategien sowie ein international anerkannter Vortragsredner und er verfasste auch das Buch *A Clear Eye for Branding: Straight Talk on Today's Most Powerful Business Concept.*

Vor seinem Erfolg als Autor und Redner war Tom in leitenden Positionen tätig. Heute ist er leidenschaftlicher Unternehmer. Er erhielt eine Auszeichnung als „Innovator des Jahres“

sowie mehrere Auszeichnungen für Produktdesign. Er besitzt mehrere Patente im Bereich der Medizin. In verschiedenen Business-Zeitschriften wurde über ihn berichtet und er wirkte in einem Programm mit, das junge Unternehmer darin unterstützt, Spitzenleistungen zu erbringen.

Heute unterstützt Tom Selbständige, Freiberufler und Unternehmen beim Übergang von einer Lenkung durch das Wirtschaftsgeschehen hin zur Steuerung über Gefühle, um ihre Marke zu stärken, indem sie eine nachhaltige Beziehung zu ihrem Publikum aufbauen. Weitere Informationen über Tom und seine Philosophie finden Sie unter www.acleareye.com.